你的不小心会"杀"了孩子

王小鱼 编　方大叶 绘

岭南美术出版社
中国·广州

图书在版编目（CIP）数据

你的不小心会"杀"了孩子 / 王小鱼编；方大叶绘. —广州：岭南美术出版社，2020.9
ISBN 978-7-5362-6945-3

Ⅰ.①你… Ⅱ.①王… ②方… Ⅲ.①儿童教育－安全教育 Ⅳ.G611

中国版本图书馆 CIP 数据核字 (2019) 第 261609 号

责任编辑：刘向上　王效云　黄　敏
责任技编：罗文轩
装帧设计：深圳市拓特文化传播有限公司

你的不小心会"杀"了孩子
NI DE BU XIAOXIN HUI "SHA" LE HAIZI

出版、总发行：	岭南美术出版社　（网址：www.lnysw.net）
	（广州市文德北路 170 号 3 楼　邮编：510045）
经　　　销：	全国新华书店
印　　　刷：	深圳市长江印刷有限公司
版　　　次：	2020 年 9 月第 1 版
	2020 年 9 月第 1 次印刷
开　　　本：	889mm×1194mm　1/32
印　　　张：	6.5
字　　　数：	161 千字
印　　　数：	1—100,000 册

ISBN 978-7-5362-6945-3

定　　　价：28.00 元

序 1

安全教育，一道终生有效的"平安符"

当这本关于孩子安全的小书交与我手中并让我作序时，作为一名"老安全员"，我很快就答应了下来。首先，我想向这本书的编者致以敬意。对于我们来说，这不是一本普通的书，它是千千万万孩子的一道"护身符"，更是父母应该送给孩子的一份必不可少的礼物。

从婴儿到成人，人类有着动物界最长的成长、成熟期。在这个过程中，风险无处不在。如果缺乏足够的安全教育，孩子就像在万丈悬崖上面走钢丝，且毫无防护，随时面临不可测的危险。这样长大的孩子，难免成为"安全"的"巨婴"，他一生都被各种风险虎视眈眈，随时可能成为被吞噬的"猎物"。在长期的安全工作中，我发现，许多个人、家庭乃至社会的安全事故，本都可以避免，但由于相关人员安全意识的缺位，铸成了一幕幕悲剧。从这个角度看，这本小书的重要性就愈加凸显出来。它不仅提示家长风险的存在，以保护孩子安全成长；更关键的是，它能够帮助家长在孩子幼小的心灵中，种下安全的种子。"养儿一百岁，长忧九十九。"我们也会经常碰到这样的家长，为了孩子的安全，谨小慎微，恨不得把孩子绑在椅子上，什么都不要做，不要碰。安全意识是强，但缺乏正确的安全育儿知识，不仅保护不了孩子，反而妨碍孩子树立健全正确的安全意识。用科学的安全教育启发孩子的安全意识，让孩子的一生都得到护佑，这才是为人父母者对孩子最大的关爱。

1949 年，一位名叫爱德华·墨菲的工程师对一位运气不好的同事开了个玩笑，他说："如果一件事有可能被做坏，让他去做就一定会更坏。"后来，数学家们把它演绎成了著名的"墨菲定律"，即如果坏事情有可能发生，不管这种可能性有多小，它总会发生，并引起最大可能的损失。这个"乌鸦嘴"式的结论，被誉为"20世纪西方三大文化发现之一"。它当然不是我们听天由命的理由，而是让我们时刻牢记，警钟长鸣才能平安一生。

随着城市化不断深入和现代化发展，增强风险意识、安全意识显得尤为重要。无论是孕育了生命的水、进化了人类的火、驱动着文明的电，还是提高了效率的车，都曾经是也仍将是孩子们的安全威胁。一些在成人眼里毫不起眼的东西，打火机、橡皮筋，哪怕是一个小塑料玩具、小果冻，也都引发过悲剧。

也许我们可以24小时呵护孩子，但不能以安全为由去扼杀小朋友探索世界的勇气和好奇心，因为这是成就他们未来人生的重要因素。我们能做的是通过这本书为孩子开启一扇窗，让他们接触到更多与安全相关的知识，为孩子种下安全意识，让平安与他们一生相伴。

你翻开的这本小书，图文并茂，案例丰富，数据齐全。与孩子一起阅读吧，趁着他们还没有长大，在惬意的亲子时光中，给孩子披上一件安全的外衣，为他们挡住不测的风雨，给他们一个平安的人生。

姚亮

深圳市建筑工务署党组书记

原深圳市安监局局长

2020年8月

序 2

让父母"不小心"的悲剧不再重演

家庭,是儿童伤害发生最多的场所。家长失职,是儿童伤害发生的最大原因。

触目惊心吧?来自国家权威部门的多种研究统计,都指向这两点。

婴儿呱呱落地,我们感叹着生命的神奇,感受初为父母的喜悦。孩子蹒跚学步,想挣脱父母的怀抱,我们身上就多了一份守护的责任。孩子一天天长大,活动范围越大,我们守护的责任就越大。毕竟,复杂的世界处处不可预知,对于孩子,成长中的"陷阱"比比皆是。守护孩子的平安,需要我们格外小心。

然而,父母的"不小心",往往让孩子身处险境,甚至遭受不测,酿成无可挽回的悲剧。我们不时会在网络上看到孩子遭受意外事故伤亡的消息。这些事故,对社会而言,可能是万分之一、十万分之一的发生概率,但是,对一个家庭而言,却是百分之百的毁灭性打击。

生活中有一种悲剧,叫作"家长的失职"。一次次"家长的失职",一幕幕悲剧上演,让人痛心,令人警醒。扼腕痛惜之余,在社区安全管理和服务中,我们也在思考,对于儿童意外伤害事故,我们应该多在预防宣传上下功夫,尤其应该提高家长的安全和保护意识,从源头上控制和减少儿童事故的发生。

这个绘本的出现,是基层文化工作者对现实关注的体现,能给家有孩童的家长一些警示和启发。

绘本从导致儿童意外伤害的十大方面入手,结合身边事例,收集资料,分析原因,约访专家。面向 0 ~ 14 岁儿童家长,提供预防儿童伤害的可行方法。这本图文并茂的安全绘本,契合生活实际,适合家有小到刚出生的婴儿、大到初中生的家庭阅读学习,家长可以带着稍大些的孩子一起阅读，一方面提醒自己做好防护，守护孩子；另一方面，也提醒孩子注意身边的危险，学会保护自己。

通过这个绘本，希望家长们再一次得到提醒：一个尽职的家长，不仅需要学习的热情，更需要切实的能力。身为父母，我们需要认真自修"养儿经"，上好"安全第一课"；我们需要从别人的"悲剧"中警醒，时刻发现和排除孩子身边的危险；我们需要教育孩子从小懂得自我保护，养成安全习惯。

对于孩子，平安长大，比成功更重要。对于父母，以万分的小心，守护孩子平安，比物质付出更有价值。

让我们，守护孩子一天天平安长大；让孩子，陪着我们一天天幸福变老。

深圳市宝安区新安街道办事处主任

2020 年 8 月

目录 CONTENT

001 / 溺水

- 001 黑数据
- 002 黑故事 1
  河渠戏水的好朋友,一个没了
- 007 黑故事 2
  妈妈眼皮底下,泳池里的芒芒消失了
- 015 黑故事 3
  厨房水桶,差点害了小丁的命
- 020 案例回放
- 021 黑点探查
- 022 黑板讲解

025 / 道路交通伤害

- 025 黑数据
- 026 黑故事 4
  巷子里玩耍的木木,司机看不到
- 031 黑故事 5
  换红灯的几秒,两个孩子倒在路口
- 037 案例回放
- 038 黑点探查
- 040 黑板讲解

043 / 跌落伤

- 043 黑数据
- 044 黑故事 6
  找妈妈的君君,从 18 楼探出身体
- 050 黑故事 7
  滑梯二层上,乐乐被挤掉下来

056 案例回放
057 黑点探查
058 黑板讲解

061 / 中毒

061 黑数据
062 黑故事 8
　　　吃了爷爷瓶子里的"糖豆"，轩轩倒地
068 黑故事 9
　　　冬夜闭门洗澡，何家两个娃晕倒
074 案例回放
076 黑点探查
076 黑板讲解

079 / 烧烫伤

079 黑数据
080 黑故事 10
　　　奶奶走开，仔仔扯翻桌布上的开水壶
086 黑故事 11
　　　爸爸玩游戏时，哥哥带着妹妹玩火
093 案例回放
095 黑点探查
096 黑板讲解

099 / 电击伤

099 黑数据

100 黑故事 12
    寒假终于和爸妈相聚的小美，倒在了浴室
108 案例回放
109 黑点探查
110 黑板讲解

115 / 电梯事故伤害

115 黑数据
116 黑故事 13
    想当超人的小明，从电梯扶手上飞出
122 案例回放
123 黑点探查
124 黑板讲解

129 / 动物咬伤

129 黑数据
130 黑故事 14
    被惹急的小狗，向小华张开了嘴
137 案例回放
139 黑点探查
139 黑板讲解

143 / 抑郁症

143 黑数据

144 黑故事 15
　　不想再写作业的杰仔，选择告别
152 案例回放
153 黑点探查
154 黑板讲解

159 / 被拐卖

159 黑数据
160 黑故事 16
　　爷爷蹲下挑鱼，元元被牵走了
170 案例回放
172 黑点探查
173 黑板讲解

175 / 专家访谈

176 专家访谈 1
　　——儿童意外伤害事故可以避免吗？
180 专家访谈 2
　　——家长为什么那么"不小心"？
184 专家访谈 3
　　——保护孩子心灵健康，"家"是最重要堡垒

191 / 居家安全自查

192 活动倡议书
　　"居家安全检查日"活动倡议书
193 安全隐患表
　　居家安全隐患检查表

I 溺水

 黑数据

  2017年7月预防溺水国际研讨会上，据中国卫生部公布的一组数字，在中国，每年有约57000人溺亡，相当于每天有150人。世界卫生组织认为，实际数字可能要比这个高出一倍，也即可能每年有114000多人溺亡，其中50%以上是15岁以下的儿童。

  据深圳市急救中心数据显示，2010—2014年间，深圳"120"共接报溺水事件1220例，每年都在200例以上。每年的6—8月是儿童溺水事件高发期，溺水时间多集中在周末下午3点到5点之间。溺水已经成为深圳中小学生非正常死亡的头号杀手。2017年5—7月，仅两个月深圳发生1岁以下幼儿家中溺水事件共4起。

黑故事 1

河渠戏水的好朋友，一个没了

奇奇和大伟，是五年级的同班好友，住在城郊一个城中村小区。

城郊有一条河沟，家长说过那是灌溉渠，一直不准孩子们接近玩水。奇奇和大伟总想去试试，反复被家长禁止，让两个孩子更好奇。

溺水

放暑假了，两人一起玩，又想起"禁地"，商量好偷偷一起去玩。

这是周一，奇奇的爸爸妈妈一早就上班去了，大伟的爸爸也去上班了，妈妈在家照看大伟的弟弟。下午，奇奇来大伟家，说约大伟去踢球，大伟的妈妈忙着哄哭闹的婴儿，随口答应了。

两个男孩一路飞奔到渠边,无视危险标志,脱了外衣跳进水里,快乐地打起了水仗。

傍晚,水流增大,急速向下,两个玩乐的孩子浑然不知。激流冲来,卷走奇奇,站在边上的大伟一个趔趄倒下,也被冲往下游。两人惊慌挣扎,叫声被水淹没。

修理渠道的工人听到动静赶来,奋力截住了大伟,将其救上岸,但奇奇被水流冲走了。

工人顺流直追,在下游捞起奇奇。

大伟送院后无大碍,但奇奇在急救车上已被证实死亡。

奇奇妈妈自白

奇奇想到渠道玩水，我和他爸爸制止过，但没有讲清危害有多严重，尤其是假期没有严格监管，孩子的好奇心太强，我们忽视了……

当头棒喝

爸爸妈妈们，身边的水库、河流、沟渠、水塘，都可能是威胁孩子安全的隐患，家长不可掉以轻心。

黑故事 己

妈妈眼皮底下，泳池里的芒芒消失了

芒芒4岁了，和爸爸妈妈一起住在一个带泳池的小区里。喜欢运动的芒芒夏天学习了游泳。

幼儿园放假后，芒芒经常在爸爸妈妈的陪同下到小区泳池游泳，和小朋友们在儿童池嬉戏。

溺水

妈妈看了芒芒一会儿,感觉没事,掏出手机,开始"刷剧",看了一半的偶像剧正到精彩处。

其他小朋友要回家吃饭了,和芒芒道别。
　　芒芒觉得独自玩水不好玩,他开始往成人游泳区方向游。想起大人叮嘱过不要离开儿童池,他停下来,往妈妈方向叫"妈妈"。

溺水

妈妈低头看手机,没听见。救生员各站泳池一边,没发现悄悄游进成人游泳区的孩子。

芒芒继续往成人游泳区方向游。妈妈还在"刷剧"。

时间只过了5分钟,然而足够改写命运。

正在游泳的杨先生,突然发现水池里立着个孩子,眼神呆滞。他边捞起孩子,边大喊救生员。

两个救生员冲过去,一起把孩子抱上休息区进行急救。

被惊动的芒芒妈妈直奔过去,看到了自己的儿子。

救生员!

芒芒!

溺水

芒芒被抬上救护车送往医院,入院前已停止了心跳和呼吸,一个小生命就此陨落。

芒芒妈妈自白

我以为孩子会游泳不用太操心,只是看了一小会儿手机,怎么就出事了啊?

当头棒喝

爸爸妈妈们,眼睛一刻不能离开水里的孩子,别让玩手机的几分钟,换来一辈子的伤痛。

黑故事 3

厨房水桶，差点害了小丁的命

大年初三，丁先生一家老少团聚。

儿子小丁 1 岁半，是全家至爱的宝贝。小丁在客厅里摇晃学步，让全家开怀大笑。

一家人喝茶聊天，说起回老家建房的事，大家议论开了。

妈妈忽然发现小丁不见了。大家起身寻找。

小丁妈妈推开厨房门，顿时瘫软在地。小丁头朝下，两脚朝上，整个人倒栽在家里用来储水的水桶里。爸爸一把捞起小丁，此刻的小丁已完全没有反应，双目紧闭，面色青紫。

溺水

一家人慌了,赶紧开车赶往医院。

爸爸抱着小丁冲进急诊室,大声呼救。

医务人员立即启动急救。经过近 20 分钟的全力抢救,孩子心跳恢复了!

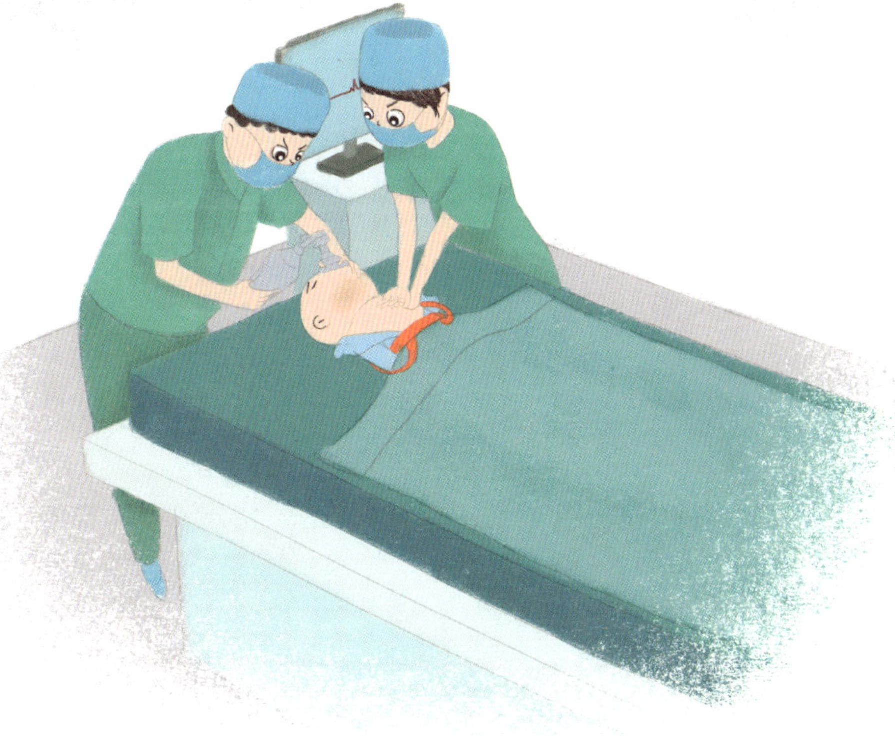

小丁随后被紧急送往儿童重症监护病房（PICU）接受进一步治疗。

由于之前缺氧的时间太长，脑损伤比较严重，医生表示今后还需要进行康复治疗。

溺水

小丁爸爸自白

孩子是我们的命根子，一直照顾有加，没想到一个聊天没注意，就出事了……

当头棒喝

爸爸妈妈们，1~5岁儿童溺水，多数发生在家中，澡盆、浴缸及其他储水的容器都可能是凶器。

案例回放

案例一

2019年7月12日下午,广东省深圳市宝安区福永街道一小区内,1岁多的某女童倒栽式掉进了一个水桶里面,溺水10分钟后家长发现。送医后经过3天抢救,女童才脱离生命危险。

案例二

2019年7月11日,辽宁省台安县西佛镇达连泡村附近辽河段发生一起6名学生溺水身亡事件,其中有一对双胞胎兄弟。这6名学生均为当地小学生,刚参加完期末考试。

案例三

2019年2月18日,山东省宁津县孙耿街道西范村、时家村5名男童在西范村西北角池塘边玩耍时,其中4名男童不慎落水。经紧急救援,4名男童被打捞上岸,已全部不幸溺亡。

案例四

2018年2月18日,广东省深圳市儿童医院急诊科内,一位父亲抱着昏迷的1岁半孩子冲进来求救,孩子倒栽在厨房水桶里窒息,经20分钟急救后恢复心跳呼吸。之后,被送往儿童重症监护病房接受进一步治疗。

案例五

2017年8月29日晚上8点多,广东省深圳市坪山新区某小区,一位妈妈带着一名5岁的男童到小区游泳池游泳,一时没注意,男童游进了成人池,被人发现时,已经处于昏迷状态,最终抢救无效死亡。

案例六

2017年8月8日,广东省深圳市坪山新区绿荫北路与丹梓大道交会处,一名6岁的儿童掉入水坑。120救护车出诊,儿童到院前死亡。

案例七

2017年7月3日,广东省深圳市福田区一名10个月大的男婴,一头栽进阳台一个水桶里。当时水桶里盛满了水,家人准备用来拖地板。幸亏大人发现及时,一把将男婴捞出,一边拨打120求救,一边对其进行心肺复苏,避免了惨剧发生。

案例八

2017年2月26日,广东省深圳市境内大田南干渠,两名儿童下水游泳被冲向下游,渠道施工人员及时发现,一名儿童得救,另一名却不幸溺亡,年仅12岁。

黑点探查

溺水被称为"儿童第一大杀手"。儿童易发生溺水伤亡事故既有环境因素,也有儿童自身因素和家庭因素。

不同年龄组儿童溺水发生高危地点

1～4岁 脸盆 浴盆 水缸

5～9岁

水渠 池塘 水库

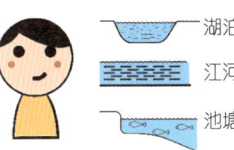
10岁以上 湖泊 江河 池塘

儿童溺水大多在监管缺位时发生

《全球溺水报告》(2014世卫组织首次发布)数据显示,全球儿童致死性溺水在5岁以下发生最高,尤其集中于1～4岁年龄段。监管不当是儿童溺水最常见原因。

1～4岁幼童独立性萌发,好奇心强,运动能力差,缺乏识别和躲避风险的能力。儿童溺水多发生在家中或家附近水塘,大部分溺水死亡事故都是在没有家长看管或家长离开时发生的。江西省2005年儿童伤害流行病学调查发现,溺水在儿童全死因构成中位居第一。儿童溺水主要发生在低年龄组,以1～4岁组最高,农村高于城市,男性高于女性。学龄前儿童溺水发生场所主要以住所附近的池塘、沟渠、水井和粪坑为主,60%以上的溺水发生在离住所距离20米以内,溺水发生时看护人在做家务或在室外劳动。这项调查结果显示,儿童溺水发生时,看护人有50.9%在做家务,22.8%在室外劳动或上班,5.3%在聊天。

家附近水体和家中容器均是"大杀器"

根据世界卫生组织发布的报告,大多数的儿童溺水事故发生在以下水体:

1. 自然水体。监测数据显示,76.7%的儿童致死性溺水发生在自然水体。大多数农村儿童溺水发生在家和学校附近的水井、水渠、池塘等。

2. 家中蓄水容器。居民家中浴缸、水桶、水缸等蓄水容器是婴儿溺水的高危隐患。使用与婴儿身体不相称的过大浴盆、浴缸，家长在给婴儿洗澡时接电话、取物品等，把婴儿单独留在水中，是多数儿童家中溺水发生的原因。

3. 工程池和农田水利设施。如水库、鱼塘、粪池、沟渠、窖井、建筑工地蓄水池和石灰池等。

预防儿童溺水，家长应这样做

家长应熟知家庭、学校等儿童主要活动场所周边的自然水体和人工水体，严格教育儿童不可擅自玩水，从心理上切断儿童对不安全水体的好奇心。

儿童身在安全水环境如泳池中时，应确保专业救生人员在场，严格监护水中儿童，视野一刻也不能离开。

预防幼儿家中溺水，除了要时刻保持孩子在自己的视线范围内，还要确保家里不要存放任何积水的容器，如洗完澡的浴缸水要放掉，水桶的水要倒掉；马桶用完要上盖，给婴儿洗澡时切切不可离开，勿让幼儿独自洗澡。

教导儿童学习游泳，增强运动机能和自救能力。

溺水急救方法

溺水导致心跳呼吸停止的主要原因是窒息缺氧。心肺复苏的黄金时间只有4～6分钟，应立即施行心肺复苏！千万不要把救命的时间浪费在控水、拍背等事情上！

清醒（对呼叫有反应，有呼吸、有脉搏者）

拨打急救电话120，采取保暖措施，原地等待专业急救人员并将溺水者送入医院观察。

昏迷1（对呼叫无反应，有呼吸、有脉搏者）

拨打急救电话120，为溺水者清理口腔异物，开放气道，将头偏向一侧，采取保暖措施，密切观察溺水者呼吸、脉搏等情况，必要时为其做心肺复苏。

昏迷2（无呼吸、有脉搏者）

拨打急救电话120，清理口腔异物，开放气道并保持通畅，急救者位于溺水者一侧，托起溺水者下颌，捏住溺水者鼻孔，正常吸一口气后，往溺水者嘴里缓缓吹气，待溺水者胸廓稍有抬起时，放松其鼻孔，反复并有节律地（每分钟吹气10～12次）进行，直至溺水者恢复呼吸为止。

昏迷3（无呼吸、无脉搏者）

立即对溺水者进行心肺复苏，采用传统的A—B—C心肺复苏顺序（见下面图A图B图C），因为溺水是窒息缺氧性心搏骤停，供氧是首要任务。应立即对其进行口腔异物清理、开放气道（A）、人工呼吸（B）、胸外按压（C）。

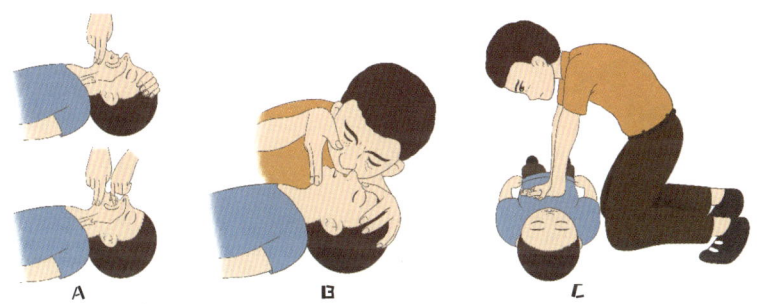

同时叫人拨打急救电话120。

关于溺水的最新循证医学推荐是先进行5次人工呼吸，再进行胸外按压30次，随后每2次人工呼吸，继之30次胸外按压，即2:30反复交替进行。

胸外按压时注意按压部位在两乳头连线的中点，按压的力度是使胸骨下陷至少5厘米，按压频率为每分钟至少100次，儿童按压深度为儿童胸腔壁厚度的1/3左右。按压的姿势为急救者两手指交叉，手臂绷直，以髋关节为支点，用上半身力量向下按压。

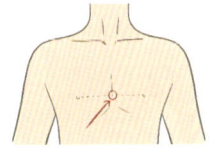 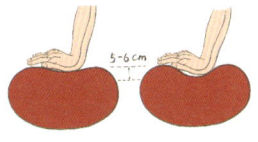 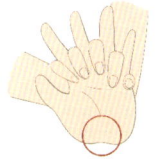

《国际心肺复苏指南》提出，高质量心肺复苏的5个指标是：用力按压，快速按压，让胸廓充分回弹，避免过度通气，尽量缩短中断按压时间。持续心肺复苏直至急救人员到达现场。

溺水复苏切忌控水

随着现代心肺复苏的人工呼吸、胸外按压的普及，加上电击除颤技术的应用，控水法已被摒弃。《国际心肺复苏指南》明确指出，无法确定水是阻塞气道的异物的情况下，不要浪费时间用腹部或胸部冲击法来控水，以免拖延复苏时间，加重误吸，增加死亡概率。广东省多个医院急救医生近年通过媒体反复告诫公众：溺水后千万不要"倒挂"控水！此法不仅无效且会害死人！

道路交通伤害

 黑数据

据人民网 2016 年 6 月报道，我国每年有超过 1.85 万名 14 岁以下儿童死于交通事故，死亡率是欧美的 2.5 倍以上。另有数据显示，发生车祸时，汽车内未安装儿童安全座椅的婴童死亡率是安装了儿童安全座椅的 8 倍，受伤率是其 3 倍。

《中国儿童伤害报告》（2017 年版）指出，道路交通伤害是 0~17 岁儿童伤害发生的第二位原因。

据深圳交警部门发布数据显示，2017 年全市发生涉及 15 岁以下中小学生的交通事故共 921 起，其中一般交通事故 872 起，伤人交通事故 37 起，死亡交通事故 12 起；共造成 9 名儿童死亡，40 名儿童受伤。

黑故事 4

巷子里玩耍的木木,司机看不到

5 岁的木木一家住在老城闹市区一个城中村里,家里在路口开了个小店,爸爸妈妈白天上班,爷爷奶奶看店的同时也照看木木和他半岁的妹妹。

木木和堂哥、堂弟经常在一起玩,小巷是他们的游乐场。5月的一个傍晚,不到12岁的堂哥骑车在前,木木和其他孩子追逐着,奔跑起来。

木木跑到路口，鞋带松了，他坐在地上系鞋带。

李先生几分钟前走进停在巷道边的吉普车，车子启动后，前行并准备右转。

刚走几步，李先生感觉到轮胎碰撞到障碍物，他停车下来查看。

木木已经倒在血泊中……

闻讯而来的木木爷爷当场瘫倒在孩子身边。
120急救车赶来抢救,无奈回天乏术。

木木爷爷自白

平时几个孩子都在楼下玩,总觉得是熟悉的地方就很放心,没想到……悔不该任由孩子自己在巷道玩耍。

当头棒喝

爸爸妈妈们,熟悉的地方并非绝对安全。闹市巷道车流多,孩子在路上和停车场玩耍,因其个子小,尤其是蹲坐时,易处于行车盲区,司机看不到,风险很大。

黑故事 5

抢红灯的几秒，两个孩子倒在路口

7岁的大平和亮仔，既是邻居又是校友，同住一个小区，又在附近同一间小学上学。

两家家长经常互相帮忙，大平的爸爸有一辆电动自行车，经常接送两个孩子一同上学、放学。

到了！

11月的一天早晨,大平起晚了,亮仔在门口已经等了好一会儿。

大平爸爸催促他们赶紧上车,像往常一样坐在他身后。

眼看快迟到了，大平爸爸加足马力开车，快到最后一个路口时，黄灯变红，大平爸爸没有刹车，试图冲过这个路口。

垂直方向，一辆黑色小车冲了过来，这位赶时间的司机开车的速度显然也很快。

"砰!"小车撞飞电动自行车。三人倒地,血流满地。急救车和交警到场,大平爸爸当场死亡,两个7岁孩子被送往医院救治,幸无生命危险,但身体多处受伤骨折。

道路交通伤害

交警调查后认定小车司机存在超速驾驶行为,而大平爸爸驾驶电动自行车搭载孩子冲红灯,存在两个违法行为,负主要责任。

妈妈,爸爸是不是再也回不来了?

大平妈妈自白

孩子上学一直由爸爸骑电动自行车接送,从没想过他在违章驾驶,他是拿命在赌啊!

当头棒喝

爸爸妈妈们,如果自己都不遵守交通法规,自身安全都无法保证,又如何保护弱小的孩子?

案例回放

案例一

2019年9月2日9时许,黄某驾驶粤B号牌重型特殊结构货车,行驶在广东省深圳市龙岗大道创城地产建设工地路段右转弯处时,与同方向行驶由杨某驾驶、搭载蓝某(男,5岁)的电动自行车发生碰撞,造成蓝某当场死亡、杨某受伤及车辆损坏的交通事故。

案例二

2019年9月2日7时29分许,在广东省深圳市宝安区宝安大道鸣乐东街路口段,一辆粤B号牌轻型厢式货车与一辆电动自行车发生碰撞,导致电动自行车上一名女童黄某(8岁)当场死亡。经查,女童黄某是一名小学生,事发时乘坐由妈妈驾驶的电动自行车前往学校。

案例三

2019年8月22日14时45分许,陈某虎驾驶粤S号牌小型普通客车行驶至广东省深圳市光明区白花大道22号路段时,与走在斑马线上的行人冯某(4岁)发生碰撞,冯某经送医院抢救无效死亡。

案例四

2019年6月23日早8时许,江西省余干县208省道一红绿灯附近,一名10岁女童在与同伴追逐玩闹时忽然跑上马路,被一辆自北向南行驶的汽车撞飞,当场死亡。

案例五

2019年5月17日,一辆粤B号牌黑色皇冠车途经广东省东莞市凤岗消防大队门口路段时,试图在闪烁黄灯的路口加速通过,与一名走在斑马线上的女童发生碰撞,直接撞飞女童,女童送院抢救无效后死亡。

案例六

2018年12月19日18时15分许,广东省深圳市宝安区新安街道上合某花园小区道路,一辆小型越野客车在路口左转时,将一名停留在道路上的2岁幼童碾压致死。

案例七

2018年6月20日早晨,广东省深圳市宝安区新桥街道,张某驾驶电动自行车搭载2岁半男童,让男童站在车头下方脚踏板上。行至新二村大阁二巷路段时,一辆环卫车迎面驶来。双方会车时,张某刹车过程中,男童站不稳从电动自行车左侧摔倒在地,瞬间被行驶中的环卫车左后轮碾压,当场死亡。

▌案例八

2018年5月9日18时50分,广东省深圳市宝安区新安街道老城区某住宅楼下巷道,陈某驾驶一辆小轿车撞倒一名男童,致其死亡。监控显示,事发时几个小孩在巷道奔跑玩耍,受害男童弯腰抓了一下脚踝。就在这时,小轿车启动前行,男童随即倒地。

黑点探查

道路危险因素

交通道路伤害是儿童的第二杀手。对于儿童,危险源来自几个方面:

1. 儿童身材矮小,在道路中容易处于驾驶盲点。
2. 儿童认知度低,在交通环境中缺乏做出安全决定和行为的能力。
3. 防护措施不足,比如骑/乘自行车或摩托车、电动自行车没有佩戴头盔,乘坐车辆未坐儿童座椅等。

汽车三大儿童盲区

车头正前方

站在车子正前方的成年人以及身高高于1米的儿童,对于坐在车内的司机来说,容易被发现。然而身高在1米以下的儿童处于车子正前方时,对于司机来说却是一个大盲区,甚至可能完全不会留意到有儿童跑到了正前方。

车侧前方靠近大灯位置

国内驾驶位设置在左边,车子右侧盲区比左边多。左侧只有A柱(前挡风玻璃两侧的立柱)遮挡形成的小盲区。但右侧则有两个地方:第一个同样是由于A柱遮挡造成的盲区,因为距离导致不可视的左侧区域更大;第二个是靠近右侧车身、车子倒后镜往车头延伸的区域。

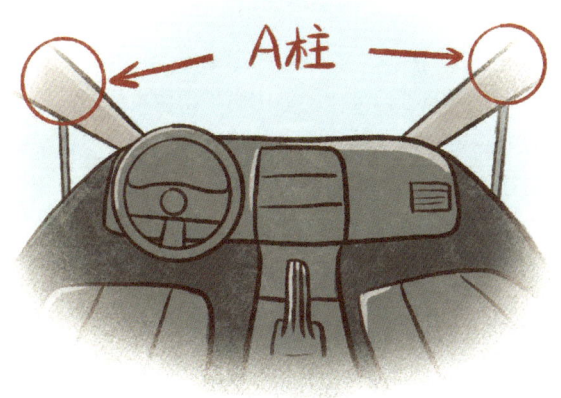

车子后方

车子后方因为距离驾驶位远且视线阻隔多,所以盲区区域最大。车后方盲区意外多数是司机倒车时,没有发现车后方的儿童引起的。一项交警统计数据表明,很多车后方盲区造成的儿童交通事故,撞倒的不少是车主自己的孩子!

家长的"八大疏漏"

有交警部门指出,家长容易出现"八大疏漏",将孩子"置于险境":

一是带孩子闯红灯、横穿马路。

二是任由孩子自己在停车场、马路边玩耍。

三是让孩子自己开车门、上下车。

四是放任孩子将身体伸出窗外。

五是不使用儿童安全座椅。

六是放任未成年的孩子开车。

七是将孩子独自留在车内。

八是让孩子坐在共享自行车的车筐中。

黑板讲解

预防道路交通伤害，家长应这样做

加强对孩子的看护

家长应防止低龄儿童独自外出，外出时不得由未成年人代替家长看护孩子。带领孩子过马路要专心，与孩子的距离要伸手可及；携带幼童横过马路时，不要"手拉手"，应采用扣住孩子手腕的姿势，防止孩子突然挣脱大人手心冲向马路中间。

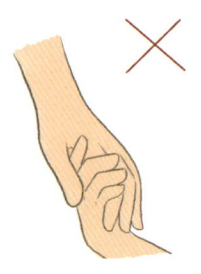 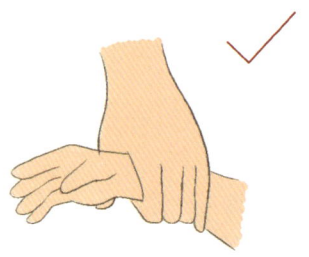

提高孩子的可见性

研究表明：在照明较差的环境中，如雾天、阴雨天等，穿着深色衣服的儿童步行者，在车灯照射下，最优可见距离约为 16.7 米，这意味着，驾驶员必须在发觉儿童后的 1 秒以内刹车才可能避免发生碰撞。

而当儿童步行者穿着有反光材料衣服，其可见性可提高至 152.4 米，这意味着，以车速 60 千米/时计，司机将有足够的时间从看见儿童时制动车子至其停止行驶。因为，此时车子由制动至完全停止的距离

约为 79.25 米。可见，给孩子穿上颜色鲜亮或带有反光材料的衣服，可提高可见性，保障其生命安全。

提高孩子识别危险的能力

让孩子了解基本的交通安全知识，教会孩子识别并规避交通危险。《中华人民共和国道路交通安全法实施条例》规定，12 周岁以下儿童不得骑自行车上路，16 周岁以下儿童不得驾驶电动自行车上路。教育孩子骑行时不要和同伴并排行进；步行时不要追逐打闹，要集中注意力，不玩手机。教会孩子如何过马路、如何判断车辆是否停止、汽车的盲区都有哪些、站在马路哪个区域等公交车比较安全等基本知识和技能。

帮助孩子使用安全装备

根据孩子的年龄、体重、身高使用合适的乘车约束装置（儿童安全座椅、安全带），身高1.45米以上的儿童可以使用成人安全带。选择有正规厂家生产的经国家3C认证的儿童安全座椅，选择与车辆匹配的儿童安全座椅和正确的安装固定方式。教育孩子乘坐摩托车、骑乘电动自行车或自行车出行时要佩戴头盔，降低头部损伤风险。

家长带头遵守交通规则

家长应该以身作则，遵守交通规则，做孩子的榜样。做到过马路不闯红灯，通过斑马线、过街天桥或地下通道时，不翻越护栏。驾驶车辆时系好安全带，杜绝酒驾，不闯红灯，不逆行，不超速。

跌落伤

黑数据

据《中国青少年儿童伤害现状回顾报告》（中国疾控中心慢病中心和全球儿童安全组织2017年12月联合发布）统计，0～19岁青少年儿童死亡伤害事故中，跌倒/坠落导致的死亡人数仅次于溺水、道路交通伤害，是导致儿童非致命伤害和致残的首要原因。

据深圳市儿童医院2003—2013年数据不完全统计，暑期是儿童意外伤害发生高峰期。滑倒摔伤和跌落坠落伤分别位居儿童意外伤害第一、第二位。

报载，2018年4月至5月初，浙江大学儿童医院共收治34例坠落受伤儿童，发生地点多在家中或小区内，其中4名儿童救治无效死亡。按年龄来分超过80%为4～6岁，此外是2～3岁、11～13岁。按事发地点来分，一类是从阳台和窗户摔到户外；另一类是在屋内楼梯，尤其是自建房内的环形楼梯，护栏缝隙大，孩子更容易掉出去。尤其让人惊心的是：这些儿童坠落时，70%发生状况时家里有人，30%是儿童独自在家中。

黑故事 6

找妈妈的君君，从 18 楼探出身体

君君 7 岁，家住高层楼宇小区。放暑假了，时间很多，爸妈给好动的君君报了武术培训班。

周六傍晚，爸爸外出，只有君君和妈妈在家。晚饭后，陪君君看漫画的妈妈接到快递电话，让她下楼取快递。

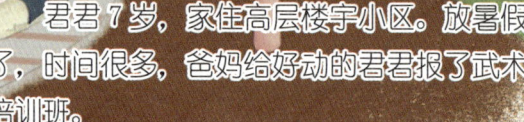

君君在家等妈妈，妈妈下楼一会儿就上来。

好的，马上下来。

有您的快递，麻烦下来拿一下。

跌落伤

妈妈告诉君君一会儿就上来,便匆匆乘电梯下楼了。

君君自己一个人无趣,便到阳台去看妈妈。阳台有防盗网。君君爬上去,抓住防盗网栏杆往下看,假想自己是武林高手。

看不到妈妈，君君还想把头再伸出去一点。这时他在阳台侧面发现一个小窗，这是逃生窗，窗口用铁丝拴着。君君试了试，铁丝可以扭着解下来。一拉，窗口开了。

君君身体爬出窗外,往下看。
妈妈在楼下跟快递员核对信息拿了快递,正准备往回走。
忽然听到附近有响动,然后有人喊:"有小孩掉下来了!"

人群迅速围过去,君君妈妈也跑了过去。躺在泥地上的是君君。他们家住在18楼……

跌落伤

君君妈妈自白

我只是下楼取个快递，离开才几分钟的时间……

当头棒喝

爸爸妈妈们，不要让低龄儿童单独在家，哪怕只有几分钟！高层阳台和窗户一定要锁好安全锁口，防止儿童打开。

黑故事 7

滑梯二层上,乐乐被挤掉下来

奶奶我先去玩啦!

5 岁的乐乐跟着奶奶在家附近的儿童乐园游乐场玩。奶奶给乐乐购票后,便坐下等他。

跌落伤

乐乐想玩滑梯,和小朋友们一起爬上滑梯的楼梯。滑梯的台阶不是直线形的,而是错落两层的,两边也没有扶手。

乐乐站上第二层时,还有小朋友爬上来,一挤,乐乐失足从二层台阶上掉了下来……

乐乐坐地大哭,右脚剧痛,不能动弹。

乐乐送院后证实右脚骨折。辗转多处治疗，司法鉴定为十级伤残。

乐乐家人起诉后，法院判定游乐场承担 70% 的责任，而现场监护不当的乐乐家人承担 30% 的责任。

乐乐奶奶自白

那天乐乐爬滑梯没跟紧他,孩子摔成残疾,现在再后悔也回不到当时了。

当头棒喝

爸爸妈妈们,带孩子出入游乐场所时,要选择符合安全标准的游乐设施,游玩时特别注意孩子在通道、楼梯与平台处是否有跌落的危险,切勿拥挤。家长们必须随时照看好孩子,确保游玩安全。

案例回放

案例一
2020年3月9日下午4时许,广东省深圳市南山区某住宅楼发生高坠事件,两名女童从19楼阳台防盗网位置坠落,年龄分别是9岁和5岁。事发时家中有大人。

案例二
2020年3月4日,湖北武汉金银湖街一小区,一名8岁男童在窗边玩耍时跌出窗外,母亲谢某抢拉孩子未果,一同从窗户坠落。谢某当场死亡,男童多处骨折,幸无生命危险。

案例三
2020年3月4日中午,广西南宁某小区,一名男童从12楼的阳台处坠落,不幸身亡。该小区物管人员说,出事时男童独自在家。

案例四
2020年2月28日,湖北宜昌一小区,一名婴儿从7楼坠落到4楼平台,抢救无效身亡。据知情者透露,该婴儿才8个月大,是爷爷抱着看窗外时失手滑落的。

案例五
2019年7月26日凌晨,广东省深圳市南山区一名4岁女童从15楼阳台坠下身亡。事发前,女童家人以为孩子已睡着,便出门购买夜宵,醒后的女童估计在找寻家人的过程中,不慎从阳台跌落。

案例六
2019年5月24日,福建省泉州市一名6岁女童从高楼坠落不幸身亡。警方称,当天下午女童母亲去上班了,将她单独留在家中。事发后,经现场勘查,家中窗台高度远高于女孩身高,但窗台边发现一把红色椅子。

案例七
2017年3月7日下午,广东省深圳市宝安区福海街道一栋住宅楼,一名5岁男童从16楼阳台掉至6层的空中花园平台,经120医生现场抢救无效死亡。据现场目击者透露,当时小孩在家玩耍,小孩的爸爸正在家里午睡。

案例八
2017年2月27日晚间,天津市南开大悦城发生事故,事发时一个父亲抱着两个孩子从4楼往下看,其中一个孩子不慎坠落,在父亲试图拉拽掉落孩子的时候,另一个孩子也不幸失手坠落。两名坠楼儿童(男孩大约5岁、女孩大约2岁)头部均受重创,当场死亡。

黑点探查

跌落伤，按照国际疾病分类，分成两类：一类是两个或两个以上不同高度平面之间的跌落伤；另一类是单一平面的跌落伤。大于1.5米的高度跌落即有可能死亡。

危险行为是跌落罪魁

据《中国儿童伤害报告》（2017年版）对跌落死亡儿童的构成分析，男性约为女性的2倍，学龄前儿童是跌落发生和致死的高危人群。

儿童尤其是男童具有喜好冒险、做危险动作和实施危险行为的特点，因而容易发生跌落事故，尤其男童，其跌倒和坠落的发生率高出女童2倍多。

上诉报告对10~18岁学生危险行为相关调查表明，玩滚轴或滑板不戴头盔、楼梯上追跑推搡、攀爬屋顶树木和逞能做危险动作是中学生发生跌落的主要危险因素。

跌落场所主要是家庭和学校

2014年国内一项监测数据显示，0~17岁儿童跌落死亡地点依次为：建筑物、楼梯、台阶和床。

儿童跌落事故主要发生在学校、家庭和社区，多发于玩耍、运动和步行时，其中0~4岁组跌落多数发生在家里，且主要在娱乐时发生，由于幼儿运动和平衡能力差，更易从楼梯、台阶、学步车、家具或游戏器械上跌倒和坠落。尤其需要注意的是，婴幼儿头部比重相对较大，跌倒受伤部位也往往是头、面部和内脏，跌倒发生后若未及时治疗，会增加伤害的严重程度。

黑板讲解

预防孩子意外跌落，家长这样做

教导孩子认识坠落危害

家长应教导孩子辨识爬高、接近窗口等危险行为；教育孩子不要在楼梯上玩耍推拉，不要跳台阶或从台阶下往下冲；通过实验、模拟等方式加深孩子对高空坠落危险的认识。

高空坠落模拟

不要把儿童单独留在家中

家长不可将年幼的孩子独自留在家中或者房间里，特别是楼房里。家长应尽量保证孩子在自己监控范围内活动。趁孩子睡着就外出等行为十分危险，孩子醒来不见大人容易慌乱害怕，可能做出危险举动。

儿童短暂独处要有安全措施

家长遇急事须外出，短时间需要孩子独自在家时，应该教会孩子使用电话，和孩子保持通话联系，增加孩子安全感。此外，家长还可以给孩子播放有一定长度的动画片，吸引孩子注意力，避免其乱跑乱动。

如果不得已将孩子独自留在家里，注意不要把孩子反锁于屋内。对于懂事的孩子，家长可以多给孩子一些信任，提醒孩子不要独自随意出门。不反锁门，可以给孩子留下生命通道，一旦险情发生，孩子可以快速开门逃生，而不是只能选择窗户。

防止孩子从窗户坠落

1. 房间和阳台的窗户使用安全锁扣，避免孩子轻易打开。
2. 窗口附近不要放置易于儿童攀爬的物品。必要时安装安全护栏。
3. 天气炎热需要开窗通风时，更要注意看护好孩子。
4. 尽量避免让儿童在阳台或窗户附近玩耍。

防止孩子从阳台跌落

1. 阳台的护栏高度不低于 1.05 米（中低层）或 1.4 米（中高层）。
2. 栏杆上的纵条宽距小于 11 厘米。
3. 栏杆上不能装横条。
4. 保证所有的家具远离阳台边缘。
5. 将阳台安全出口锁上。
6. 阳台围栏定期检查维修，防止老旧松动。
7. 如果孩子在阳台周围活动，务必认真看管。

防止孩子从床上坠落

1. 婴幼儿从床上坠落的发生率高，家长应阻止孩子在床上嬉戏打闹。
2. 在婴儿床或摇床旁边放上软地毯，以防儿童摔出时受伤。
3. 婴幼儿睡床靠墙壁安放并在床边安装护栏。

防止孩子在娱乐设施上或运动中跌落

1. 确保游戏设施特别是滑梯或单双杠周围地面铺有一定厚度的、软性回弹的防护设施,比如铺设塑胶。

2. 在进行某些运动或娱乐项目前,督促孩子戴上保护装备,比如护膝、护肘、护腕、头盔等。

3. 教会孩子正确的运动技能,示范安全行为。

4. 儿童娱乐或运动时,家长或其他监护人在旁看护。

医生提醒

儿童跌落后的 1～2 小时内是黄金救治期,家长一定要注意守候观察,切勿错过救治最佳期。

中毒

黑数据

据国家卫生和计划生育委员会 2016 年发布数据，中毒已成为我国 0～14 岁儿童因伤害而死亡的第四大原因，每年超过 1500 名儿童中毒，且 86.4% 的中毒事件发生在家中。

据《中国儿童伤害报告》（2017 年版）发布的 2014 年监测数据，儿童中毒死亡源头主要有：毒气／蒸汽、杀虫剂、药物。监测显示：每年 12 月至次年 3 月为中国儿童中毒死亡率高峰期。儿童中毒的发生率在五大类伤害中排名第二（溺水、中毒、烧烫伤、机动车车祸、跌倒／坠落）。

黑故事日

吃了爷爷瓶子里的"糖豆",轩轩倒地

2017年2月中旬一天上午,2岁半的轩轩忽然倒地发病,不断呕吐、翻白眼,看护他的奶奶急忙把他送进市儿童医院。

医生根据轩轩突发呕吐、出现意识障碍等症状，临床怀疑中毒，但轩轩家长想不出孩子中毒的原因，一直都精心准备孩子的食物，也不给他零食吃，怎么会中毒？

在医生引导下,轩轩家长开始担心孩子吃了家里存的药。但吃了哪种药呢?家长开始排查家里的药,最后发现轩轩能够着的,只有老人房间床头柜里的药。

儿童医院迅速联系市中毒控制中心，将这个柜里的近10种药瓶药片全部送检，最后将目标锁定在一瓶氯氮平上。这是轩轩爷爷的药，一种神经安定剂，一瓶100片药现在少了4片，轩轩爷爷不记得自己是否吃过这个瓶子里的药。而轩轩的症状正是中枢神经系统中毒症状。

确定中毒原因后,医院立刻对症下药,进一步为轩轩治疗,挽回了孩子的性命。

轩轩太小,说不出为什么吃药,家长估计他平时看大人吃药,以为是糖果,乘大人不备,自己偷偷掏了几粒吃,几乎酿成大祸。

轩轩奶奶自白

轩轩是我唯一的孙子，心肝宝贝一样。轩轩爷爷长期服药，备了药在床头柜里，怎么没提防孩子会去打开吃呢？

当头棒喝

爸爸妈妈们，对儿童药物安全要有清醒认识，低龄儿童分不清药片和糖果，模仿大人吃药误吞药片的行为很危险。家庭里药物和有毒性的物品要收好锁好，放在儿童难以触碰到的地方，防止儿童误服中毒。

黑故事 9

冬夜闭门洗澡,何家两个娃晕倒

儿子?

我回来啦!

冬季一个深夜,何先生晚归。开门发现家里很安静,平时活泼跳闹的两个儿子没有声音,家里一房一厅的灯却都亮着。

什么味?

中毒

何先生闻到家里有异味。他感觉不妙,立刻冲进卫生间,看见可怕的一幕:

妻子和 7 岁的大儿子、1 岁的小儿子都躺在地上,面色潮红。妻子和小儿子已没有了意识,大儿子尚有知觉,睁开眼向父亲传递出求救的眼神。

煤气中毒！何先生立刻打开卫生间窗户，接着打开所有门窗，将妻儿搬离卫生间，一边向邻居呼救，一边拨打急救电话。

随后在邻居帮助下，将母子3人抬上救护车送往医院。

因为送医及时，母子 3 人挽回了性命。

何太太苏醒后，讲述了事发过程。

当晚，她用热水器给两个孩子洗澡，7 岁大儿子洗完后自己穿衣服，在一旁陪伴玩耍。她给 1 岁的小儿子洗完准备穿衣，不料头疼恶心，随后失去控制倒了下去，而近旁的大儿子也随之倒地……

安监部门检查发现,何家卫生间安装的是违禁的直排式热水器。当日天冷,家里门窗紧闭。热水器排出的一氧化碳弥漫在狭窄的空间里,造成母子3人慢性中毒。如果何先生回家再晚一点,母子3人可能性命难保。

何大大直白

直排式热水器差点让我家破人亡，贪便宜的事再不敢干了！

当头棒喝

急救中心专家提醒，冬季洗澡必须安全使用热水器，警惕"浴室杀手"，同时必须保证浴室通风。2018年1月9日至10日，深圳120急救中心共接到8宗一氧化碳中毒报警，均是有人洗澡后晕倒。

案例回放

药物中毒

案例一

2019年8月11日,陕西省西安市儿童医院急诊科收治了5名药物中毒的幼童,最小的是郝先生2岁半的儿子。郝先生是从甘肃赶来的,孩子在家玩耍时,不慎误喝了装在饮料瓶中的农药。郝先生赶紧带孩子去当地医院检查并洗胃,后转院到西安市儿童医院。经诊断,孩子误服有机磷农药,家长发现时,孩子已出现恶心、呕吐、嗜睡等症状,呼吸也出现问题。经过洗胃、促排等一系列治疗之后,孩子脱离危险。

案例二

2017年2月19日上午,广东省深圳市儿童医院急诊科接诊了一名2岁6个月的患儿,该患儿突发呕吐,出现意识障碍,临床怀疑中毒但无法获取毒物接触史。市中毒控制中心检测后疑为误服安定剂。回访结果显示,患儿家中的氯氮平药瓶有近期打开的痕迹,原包装100片仅剩96片,印证了检测结果。但患儿是如何误服的,由于孩子年龄尚小无法表述。据介绍,氯氮平为常用的广谱神经安定剂,常用于躁狂性精神病的治疗。

案例三

2016年12月,广东省深圳市龙岗区人民医院收治了5名严重铅中毒的儿童,患儿因为感冒、咳嗽均接受过龙岗区邹道希仁德堂凉茶店老板邹某的诊治并服用了该店配制的药粉,服用后出现血铅严重超标及转氨酶大幅升高的情况,其中个别患儿的转氨酶为正常值的200多倍。相关部门对凉茶店进行突击检查,发现该凉茶店药粉是由邹某家人自制,据称是"祖传秘方"。涉案中的药粉经深圳市药品检验研究院检测,重金属铅超标上万倍。

案例四

2016年6月,在广东省深圳市福田区的一家培训机构中,学跳舞的幼儿兰兰(化名)分享"糖果"给两名4岁半的小朋友,结果3名小朋友都被紧急送往医院,原来这瓶"糖果"其实是驱鼠药。

案例五

2014年3月,一名1岁多幼儿因误服30多片成人降压药硝苯地平片,被紧急送入广东省深圳市儿童医院抢救,患儿洗胃长达1个多小时,所幸脱离危险。

案例六

2013年9月11日,广东省深圳市宝安区福永街道两名外来工的孩子,均为1岁左右儿童,在外玩耍时,捡来一支盛装不明液体的纯净水瓶,交给其中一名孩子的奶奶。奶奶打开瓶盖,让两个孩子一起喝了瓶中液体,造成1死1伤。经警方调查,瓶中液体具有强腐蚀性。

一氧化碳中毒

案例一

2016年2月24日零点44分,广东省深圳市宝安区西乡街道固戍某住宅内,发现一家3口包括母亲和两名分别为1岁和7岁的孩子一氧化碳中毒。原因是洗澡时煤气外泄导致中毒,幸好发现和送医及时,母子获救。

案例二

2014年2月16日,广东省深圳市龙华新区一民宅因天气寒冷,一家3口在屋内烧炭取暖,熟睡后门窗紧闭造成一氧化碳中毒,下午1点左右被发现时,丈夫钟先生和7岁的儿子已不幸身亡。妻子伯女士被送往深圳市第二人民医院,经全力抢救脱险。

装修污染中毒

案例

2015年11月,广东省深圳市多个小学相继曝出毒跑道事件,部分学生出现头晕、出疹子、流鼻血等身体不适症状,家长反应强烈。深圳市教育局对近两年新改扩建后投入使用的345个塑胶跑道进行排查,结果显示,首批11所学校的塑胶跑道被检测出有害物质超标。除了甲苯和二甲苯之外,还有别的有毒物质。毒跑道随即被全部铲除。经过两年多的试行和修订,深圳出台了全国首个针对问题跑道的管理规定,从此在深圳铺设跑道,需要遵守"深圳标准"。

食物中毒

案例

2019年12月29日,广西壮族自治区横县一村民采集木薯煮给家人吃,因加工不当,最后导致3人中毒发病,其中一名儿童不幸身亡。疾病预防控制专家提醒,新鲜木薯毒性大,生吃150克即可致死。

黑点探查

家庭是儿童中毒最大发生地

全球儿童安全组织《儿童用药安全现状报告（中国）》和《儿童药物中毒专题报告（中国）》2017 年发布的统计数据显示，86.4% 的儿童中毒发生在家中。

《中国儿童伤害报告》（2017 年版）数据显示儿童中毒主要有以下几类。

药物中毒

我国儿童药物中毒在中毒事件中比例逐年上升，2012 年为 53.0%，2013 年为 64%，2014 年为 73%；原因多为儿童误服或成人误给服。

一氧化碳中毒

目前中毒儿童死亡率最高的毒物类别，农村主要是在室内烧炭取暖，城市则主要发生在洗澡时浴室通风不良导致，尤以直排式燃气热水器安装在浴室内造成事故为多。

甲醛中毒

医学研究证明，室内甲醛污染已成为儿童白血病高发的主要原因。2015 年深圳白血病新发病例统计，0～15 岁患儿共有 137 人，占全部白血病患者的 21%；1～5 岁的患儿共 98 人，占全部儿童白血病的 72%；调查发现，上述儿童白血病患者有 90% 半年内家中装修过。

黑板讲解

预防儿童中毒，家长这样做

注意家中药物和化学品安全

《儿童用药安全现状报告（中国）》（2017 年全球儿童安全组织、药品安全合作联盟与首都医科大学附属北京儿童医院共同发布）提出了儿童安全用药"四部曲"。

1. 用药前：仔细阅读说明书，不擅自使用成人药给孩子服用；请孩子祖辈给药时，写下剂量与用药时间。
2. 用药时：按医嘱或说明书给药，使用配置的剂量器；按照医嘱或说明书详尽备注的时间间隔给药。
3. 用药后：要将药品放在儿童拿不到的地方，要"高而远"。
4. 药品处理：避免儿童接触家用化学品，如洗涤剂、消毒剂、杀虫剂、空气清新剂、化妆品、鞋油等都应放在儿童拿不到的地方。如果正在使用上述化学品，家长不可让孩子离开自己的视线（尤其是接电话、接待上门者时）。

家用化学品和药物要贮存在原来的包装容器中，不可用饮料瓶、饼干盒、糖果罐等存放，以免孩子误服。过期化学品和药物要及时扔掉，并放置到专门的药品回收处和分类垃圾桶中。

防范有毒气体

禁用"浴室杀手"直排式热水器，尤其不可将其安装于浴室内，以免发生一氧化碳中毒。建议大家要定期检查和更换热水器，避免带来伤害。

燃气使用过程中要打开通风设备或开窗通风，避免有毒气体集聚。

冬季使用煤炉取暖一定要安装排气道，并保证良好通风效果。

防止装修污染

新居室装修、家具购买时，尽量使用环保无毒产品。新装修后、新家具进屋后，注意加强通风，尽量间隔一段时间（如3个月）后，再入住新居。养成每天开窗通风的习惯。

拒绝毒玩具

专家提醒家长，在给孩子购买玩具时，要提防含有毒、有害材料的玩具。一是不要购买颜色特别鲜艳和有刺激性气味的玩具。有些玩具涂料添加了重金属元素使颜色异常鲜艳，这些重金属元素大多会危害儿童的健康。二是不要购买"三无"玩具，要到正规商店购买有产品标志、有质量保证的玩具。

烧烫伤

 **黑数据**

据人民网 2018 年 9 月报道，在中国，每年有 2600 万人发生不同程度的烧烫伤，每天大约就有 7 万人，这其中 30% 以上为儿童。

据《中国儿童伤害报告》（2017 年版），2014 年监测数据显示，0～17 岁儿童烧烫伤死亡率为 0.25/10 万人，推算中国年均约 700 名儿童死于烧烫伤。0～5 岁的儿童烧烫伤占比 70% 左右。烧烫伤儿童中，49% 出现残疾，8% 出现终身残疾。

据深圳新闻网 2011 年报道，深圳每年有 800 多个婴幼儿烧烫伤。

黑故事 10

奶奶走开，仔仔扯翻桌布上的开水壶

日落时分，温奶奶在家料理家务，2岁的小孙子仔仔坐在餐桌旁玩玩具。

到点给小孙儿准备辅食了，温奶奶把水烧好。将水壶放在桌子上，打开盖，让水温尽快降下来。

烧烫伤

温奶奶走进厨房准备其他食材。

不一会儿，餐厅传来孙子的痛哭声，把温奶奶吓了一跳，赶忙跑出厨房查看……

水壶翻倒在地。

地上一片潮湿，孙子腿部肌肤呈现不正常的潮红，甚至已经泛起水泡。仔仔哭泣不止。

原来是仔仔想要抓住烟雾，没想到绊住了脚，慌乱之中拉着桌布倒下，水壶中的热水顺势全都倒在了他的腿上。

温奶奶一下子慌了神，慌忙中想起老家常用的方法，抹牙膏！

她赶紧跑去浴室拿牙膏，撕开仔仔黏住皮肤的裤子，往伤处抹上牙膏。

没想到，仔仔哭得更厉害了。

仔仔爸妈刚好下班回到家，看到这一幕，赶紧将孩子送到医院。

由于送医迅速,孩子得到了及时的治疗。

但是温奶奶抹牙膏的错误做法,却让孙子的伤势加重,仔仔被诊断为二至三度烫伤,全身烫伤面积达 10%。

医生对温奶奶的错误做法进行了批评。

烧烫伤

温奶奶自白

没看紧孩子伤了他,没想到用土方子处理更伤孩子,心里悔啊!

当头棒喝

爸爸妈妈们,低龄儿童好奇心强,运动能力差,要远离高温源。烧烫伤紧急处理方法应是第一时间给伤处降温,不当举措将造成二次伤害。

黑故事 11

爸爸玩游戏时,哥哥带着妹妹玩火

孩子爸爸,我出门了,你看好小明和小红哦!

好的老婆,保证完成任务!

爸爸,痒!

这年秋天南方特别热,临近中秋了,却仍仿佛置身于夏天。妈妈出去买物品了,让爸爸在家照看哥哥小明和妹妹小红。

烧烫伤

蚊子围着妹妹叮咬,妹妹忍不住地挠。
爸爸拿出花露水往妹妹被叮咬的脖子、手臂涂抹。
然后又坐回沙发玩游戏。

哥哥在房间里玩耍,突然发现抽屉里有一个打火机,开火关火玩得不亦乐乎,妹妹闻声跑过来,也抢着要玩。

爸爸在客厅听见了妹妹的嚎哭声,赶忙跑过来将火扑灭。

妹妹涂抹的花露水成了易燃物,脖子处的皮肤被严重烧伤,爸爸赶紧将妹妹送往医院。

经过近 20 天的治疗，妹妹的情况有所好转。

可是医生告诉爸爸妈妈，妹妹的头以后都可能无法抬起，而且后续的治疗费用也非常高。

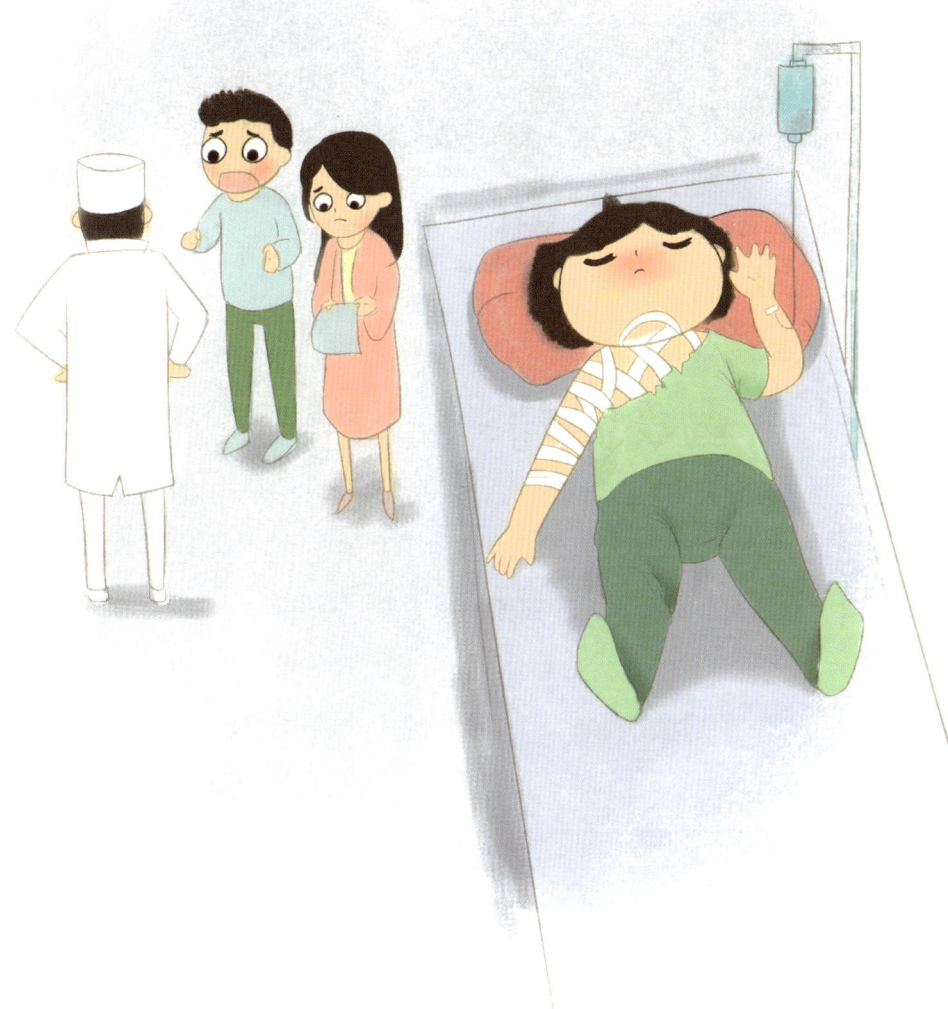

贪玩游戏那几分钟,代价竟是女儿一生的健康,只希望时间可以重来……

陪伴看护儿童,父母注意力请放在孩子身上。无效监护,让孩子们涉险时失去了保护。

案例回放

烧伤

案例一

2019年12月30日早晨6点多,重庆市涪陵区马鞍街道某小区一居民楼发生火灾,致一家6口死亡,包括4代人,年龄最大的80多岁,最小的还不到6岁。

案例二

2019年12月22日凌晨,广东省中山市古镇高层某户某花园发生火灾,住户区某一家6口葬身火海,包括两个女孩:一个15岁,另一个13岁。

案例三

2018年8月26日,广东省惠州市一名9岁的男孩不慎引燃花露水,导致7岁的妹妹被严重烧伤。当时,哥哥正在玩打火机,一旁玩耍的妹妹脖子上刚好涂抹了花露水,腾起的火焰一下子就烧到了妹妹的身上,妹妹脖子一圈被严重烧伤。治疗了近20天之后,医生告诉家长,孩子的头以后都可能无法抬起。

案例四

2018年4月8日下午,广东省深圳市龙岗区某小区一民居突然起火,在物管、邻居和消防救援人员的努力下,火很快被浇灭,一名七八岁的小孩子获救,但小孩的爸爸却命丧火海。据了解,火灾原因是孩子趁家长不注意玩火点燃窗帘。

案例五

2018年2月3日,广东省深圳市坪山区龙田街道老坑社区一居民楼发生火灾,消防民警通过3轮搜救从厨房灶台下救出3名孩子,经紧急送医后,都已脱离生命危险。据了解,事发当天孩子的父亲外出买菜,随手把孩子反锁在家。6岁的老二玩打火机不慎点燃沙发,10岁的老大欲带领弟弟们出门逃生,却怎么也打不开房门,火势迅猛,无奈之下,老大牵着弟弟们躲到了厨房的灶台下。

案例六

2016年11月27日下午,广东省深圳市龙岗区龙岗街道龙新社区一出租屋一楼发生火灾,经过消防部门半个多小时的扑救,屋内的大火被扑灭。火灾导致屋内一名3岁女童死亡,另一名8岁女童受伤。据了解,火灾发生时,只有两名女童二人在家。

烫伤

案例一

2019年1月16日晚8点左右，广东省深圳市莫女士在家将刚烧好的开水随手放在餐桌上，女儿坐在离餐桌旁1米左右的婴儿车内。就在她转身走进厨房的瞬间，听到了女儿的惨叫声。原来，女儿用手扯动了从餐桌垂下来的台布，开水壶翻倒，一壶开水全洒落在了女儿身上。事故发生后，莫女士立即用自来水给女儿冲洗，但女儿左侧脖子和两腿已经严重烫伤，后又给孩子解开衣服，然而糟糕的是两大腿的皮肉贴着裤子被撕了下来。后来紧急送到医院，医院当时诊断为二至三度烫伤，女童还出现休克的情况。

案例二

2018年3月28日，家住广东省深圳市福田区的李女士2岁女儿打翻了餐厅刚接的开水，嘴唇、下巴、颈部、胸部都起了很多水泡。李女士急忙将女儿的贴身连衣裙脱下来，却不小心脱掉了一层皮，又赶忙在创口厚敷了一层牙膏。看女儿一直哭闹不止，赶忙叫了急救车送去医院。女童下巴、颈部、胸部、腹壁、会阴及大腿根部多处烫伤，不当处置加重伤害，最终被诊断为20%浅二度烫伤。

案例三

2017年4月5日晚，广东省深圳市宝安区某户一名4岁半的小男孩和外婆在家，外婆接了一盆滚烫的开水，准备给孙子冲凉，转身却去洗了葡萄。无人照看的孩子一屁股直接坐到了滚烫的开水中。心急如焚的外婆急忙脱下小外孙身上的衣裤，将其送往医院救治，小外孙腰背部、侧胸壁、臀部及双大腿背侧大面积烫伤，累计烫伤面积约10%，为浅二度至深二度烫伤。医生介绍，由于外婆匆忙间给小外孙脱衣服，导致黏在衣服上的皮肤一同被撕扯掉，致使创面加大，加重伤害。

黑点探查

近年研究数据显示，四川省 14 岁以下 1079 例儿童烧烫伤中，81.6% 的儿童烧烫伤发生在有监护人在场的情况下。

据《中国儿童伤害报告》（2017 年版）国内烧烫伤相关调查表明，造成儿童烧烫伤的主要热源首先是高温液体，所占比例在 65.95%～88.6% 之间；其次是高温物体灼伤；再次是火焰灼伤。高温液体主要是烹饪用水、洗澡用水、热饮料、汤或其他液体。

国内研究结果显示，烧烫伤多发生于 1～4 岁低龄儿童，发生地点主要为家中厨房、客厅，超过半数事故发生在儿童玩耍时。

冬夏季是烧烫伤高发季节。孩子打翻热汤、开水，摆弄火柴或打火机，乱点煤气或炉灶，引起火灾等情况并不罕见，尤其以暑假多发。同时由于夏天衣衫轻薄，皮肤外露，容易造成大面积烧烫伤。

黑板讲解

防止儿童烧烫伤，家长这样做

儿童烧烫伤具有可预防性，儿童好奇心强，对危险缺乏意识是导致意外伤害的主要原因。因此，家长良好的教育和看管是最有效的预防措施。

1. 不要单独把儿童留在家里，如果家长不得已必须外出时，请尽量安排成年人在家照看儿童。

2. 暖水瓶和热水容器要放在儿童够不到的地方。吃饭时不要将刚从锅里盛出来的热汤放在儿童能接触到的地方。大人要离开时，不要在火上烧水和熬汤。

3. 儿童洗澡时，要先放冷水再放热水。把水温调好再让儿童进去，不要先让儿童进去再调水，以免烫伤。

4. 家庭使用电炉、电取暖器时，要安装防护罩。使用电热毯取暖时，温度升高后要关掉开关。

5. 教育儿童不要玩电插头，不要触及簧片，以免触电烧伤。

6. 教育儿童远离火源、远离高温物体，切忌玩火，家中打火机等危险物品收藏在儿童拿不到的地方。

7. 对于一些危险因素如火、热液、酸碱、电等做好管控。

急救记住"冲、脱、泡、盖、送"

烧烫伤发生,可先自行急救。烧烫伤急救,医学界曾总结过"冲、脱、泡、盖、送"5字简单处理原则。

一冲

谨记:孩子烧烫伤,最佳处理时间,只有2分钟!

立即用冷水冲洗,越快越好!目的是让烧烫伤的热量散开,减轻损伤。

用冷水冲洗伤口的时间最少15分钟,水包括自来水、矿泉水,注意不要用冰水。

二脱

孩子身上有衣服,应该想办法脱下来。

如果不易脱,可以穿着衣服进浴缸或大盆,一边冲洗一边脱,千万不能生扯硬撕。

如果衣物已经粘连,不要硬脱,否则可能会连皮带肉一起撕下来,这时就要小心地把伤口周围的衣服剪开。

三泡

为缓解疼痛,可将烧烫伤部位浸泡在冷水中30分钟左右。注意!冷水即可,千万不要冰敷。

四盖

冷水冲泡后,用干净的纱布或毛巾等,轻轻遮盖或者包裹烧烫伤部位。

包裹时注意保护创面,避免二次伤害。

五送

经过以上四步简单处理后,立即送往医院。

如果烧烫伤面积在20%以上,一定要争分夺秒送医院,越快越好!

保护伤处有"三不"

烧烫伤的地方,如果保护不好,容易诱发再次感染。可以用清洁的敷料、毛巾、床单等覆盖或简单包扎,适当保护,并应做到以下"三不":

第一,不要涂抹有颜色的药物,如红汞、甲紫,以免妨碍对创面的观察和伤处深度的判断。

第二,不要涂抹不易清除的物质,如牙膏、香灰、黄酱、酱油、香油等,因为这些物质对创面起不到任何治疗作用,反而会妨碍清创和增加创面感染的机会。

第三,不要向烧烫伤创面涂抹不适宜的物质或药物,如不明剂量的抗生素、消毒剂等,以免引起皮肤过量吸收导致身体中毒。

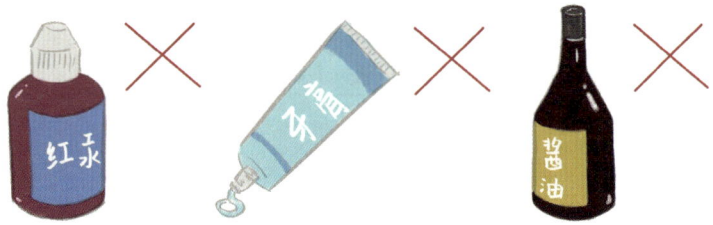

电击伤

黑数据

《中国三大城市（京、沪、穗）儿童意外伤害状况及家长认知水平调查》显示，触电发生在家庭中的概率更大。每年大约有100个中国儿童死于电击，这是2005年的数据。

据《人民日报》2015年11月报道，我国每年因意外伤害而死亡的儿童超过20万。儿童因触电死亡的人数占儿童意外死亡总人数的10.6%。

黑故事 12

寒假终于和爸妈相聚的小美,倒在了浴室

寒假,13 岁的留守儿童小美来到父母打工的城市,与在此居住的父母相聚。

小美的爸爸将小美接回城中村出租屋中。

晚饭餐桌上,小美兴奋地向爸妈描述在学校里的事情,自豪地向爸妈展示自己满分的考卷。餐桌上一家人其乐融融。

饭后，爸爸去洗碗，妈妈觉得小美奔波了一天应该很累了，让她先去洗澡。

妈妈告诉小美热水器的操作方法，放下衣服，关上浴室门，就出来开始打扫客厅。

大半个小时后,小美爸爸想上厕所,敲了敲门,没有回应,手上有轻微电流感。

爸爸直觉不对，立刻踹开浴室门，发现孩子倒在地上，热水器还开着，掉在地上的花洒一直喷着水，于是赶紧让妈妈拉下电闸。

夫妻俩赶紧将女儿送到医院,经过几个小时的抢救,孩子还是没能救回来。

后经专业人员检测,小美父母居住房屋的配电箱内未设置绝缘层导致短路,而楼栋本身接地失效,引发此次事故。

小美爸爸自白

我就不该贪小便宜买二手热水器,也没有想过检查电路,我的孩子啊!

当头棒喝

不安全的热水器是"浴室杀手",每年都在深圳出租屋里夺命,除了不使用直排式热水器外,按照国家出台的安全标准,任何热水器使用8年就应该考虑报废更换,继续使用要定期进行专业维修保养。

案例回放

案例一

2019年5月26日，浙江省杭州市老余杭世茂西某小区，一名8岁和一名10岁儿童在小区里玩，因景观灯漏电遭电击，后抢救无效死亡。

案例二

2019年2月23日晚8时，广东省深圳市龙岗区某住宅，林女士13岁的大女儿在浴室里洗澡，因儿子尿急要进浴室喊了好几声，女儿都没响应，林女士一摸门把竟有触电感，急忙用脚将门踹开，发现女儿已经倒在地上，送医抢救1个多小时仍不治身亡。据悉，该栋公寓其他户当晚也有漏电情况发生。

案例三

2018年6月8日，广东省深圳市一出租屋发生热水器漏电事故，女孩小林当时正在洗澡。发现漏电时，小林父亲赶紧拉下总电闸，切开所有电源，当推开浴室门时，发现女儿已经倒在浴室地上，热水器还流着水。经抢救小林仍不治身亡。检查发现，配电箱内未设置绝缘层，致短路，引发事故。

案例四

2018年的5月26日下午5点，在福建省福清市一小区内，姐弟3人在小区景观水池内嬉戏遭遇触电，经紧急送医抢救无效死亡。3名死者中女孩10岁，是另外两名男童的堂姐，两名男童是亲兄弟，分别为8岁和9岁。

案例五

2018年4月1日晚9时许，广东省深圳市宝安区石岩街道罗租社区老村祠堂旁发生一起意外触电致人死亡的事故。当天，死者刘某（男，9岁）在罗租老村祠堂旁一凉亭边玩耍时，触碰到路灯杆，发生意外触电，后经医院抢救无效死亡。

案例六

2018年2月15日（农历大年三十）下午4时许，广东省深圳市钟先生的女儿小桐洗澡的时候不慎触电。事发后，在邻居的帮助下，女儿被紧急送到附近医院，但最终依然没能挽回生命。据了解，小桐刚满15周岁，正在读初中二年级，是一名留守儿童，春节前刚从老家被接到在深圳打工的父母身边。

黑点探查

触电,又称电击伤。儿童触电,多因无意接触不安全的电气设备造成伤害。比如来自电器、电插座、电源开关、电线的电击伤害,或打雷下雨时被雷电所击。

《中国三大城市(京、沪、穗)儿童意外伤害状况及家长认知水平调查》显示,只有 46.5% 的家长认为孩子有发生意外伤害的可能性,这是因为在大多数父母看来,"触电危险、不要随便乱动电器",这些都跟孩子讲过,"他们应该会提高警惕。"而事实上,大多数孩子并不真正清楚这些危险意味着什么,更不知道如何避免受伤。

不安全的插座

孩童喜欢把东西塞进插座里,如发夹、钥匙、别针和铅笔。

松散、破裂或老旧电器插座会给孩子带来很多的危险。

一遍遍地拔了又插,会使电源插头的尖头叉子损坏,尖头叉子的部分断裂易构成火灾隐患。

幼儿玩喷水玩具会朝电源插座喷水。另外,正在进行如厕训练的蹒跚学步的孩子,可能会将小便射向低处的电源插座。水或尿液引发烟雾或火花,造成孩子烫伤或烧伤。许多幼儿会在浴室使用喷水玩具玩耍,或者在浴室洗澡和玩水,浴室里的插座要装好防水盖。

不安全的电器

儿童日常使用的热水器、电热毯等,要选用安全可靠的产品,并严格遵守使用规则。

黑板讲解

避免孩子触电或被电击伤，家长这样做

家庭用电安全吗？家长首先要确保这个问题的肯定回答。家居入住前要先确认供电线路有接地且符合规范，漏电保护装置已安装。要定期请专业人员检测接地和漏电保护装置是否有效。

1. 安全用电教育。家长一定要从实处和细处教导儿童安全用电，可以多给孩子看各种用电安全以及触电事故的教育录像或是现场录像。

2. 选购符合安全标准的电源插座。选购电源插座、接线板时，要尽量选择带有多重开关并带保险装置的，目前市场上已经有了带有防止儿童误触的相关产品，即儿童安全插座。

3. 儿童房内的电器谨慎放置。尤其幼龄儿童的房内，电器更不宜多；避免使用落地电器，防止儿童绊倒后发生触电事故。

4. 定期检修电线。电线、电灯或其他家用电器的电线，要及时检修更换老化受损部分。不乱接电线，错误连接电线，容易造成触电事故，还易引发停电事故、火灾事故等。

5. 电源插头、插座注意放置位置。无论何种设计的电源插头、插座、充电器等均要置于儿童摸不到、够不着的地方，或者平时给电源插座安装儿童插座保护套。

6. 铁丝、刀剪小心放置。将铁丝、刀剪等可以导电的物品放到儿童不易够取的地方；不要把毛巾、衣物等搭在电线上。

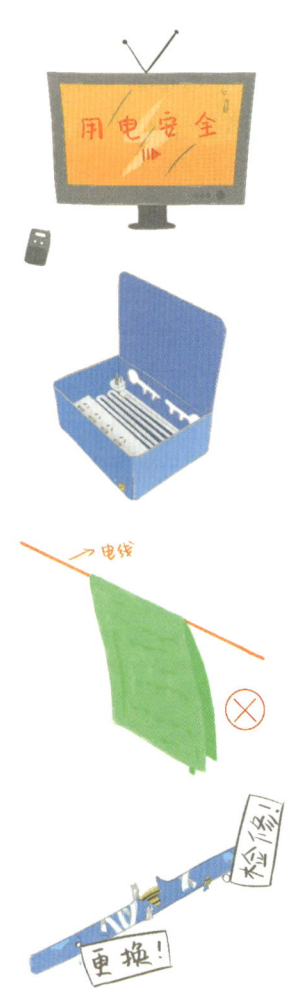

7. 远离电线杆。叮嘱较大的孩子不爬电线杆，不在有电线的地方放风筝。下雨水浸时，尽量不要靠近路灯杆或公交站台广告灯箱接电部位。

8. 打雷或有闪电时避开传导体。闪电打雷的时候确保孩子避免接触插座、电器和金属物体如自来水管等。同时将收音机、电视机关上。

触电后如何急救？

第一步：切断电源

发生儿童触电时，在确保自身安全的情况下，应尽快地切断电源。如果一时找不到电源开关，利用绝缘物品，在不接触孩子的情况下，把和孩子接触的有电的物品移开。

注意：此方法是家用220伏电压的处理措施，如果是高压电，切记不能轻易靠近，应通知有关电力部门，关闭电源后再进行现场抢救。

第二步：判断生命体征

抢救前，通过对孩子的意识和呼吸的判断，检查他是否存在生命体征。

如果伤害较小，通过身体的电流很小，触电的时间较短，脱离电源以后孩子只感到心慌、头晕、四肢发麻，要让他平卧休息，暂时不能走动，并在孩子身旁守护，观察其呼吸、心跳情况，待病情稳定后去医院进行检查。

如果伤害较大，触电时间较长，通过身体的电流较大，此种情况电流会通过人体的重要器官，对其造成严重的损害，孩子出现神志不清、面色苍白或青紫等症状，必须迅速进行现场急救，同时呼唤他人打120急救电话并协助抢救。

第三步：心肺复苏

胸部按压时，对于婴幼儿须方法得当：一只手扶住孩子的头部，另外一只手的食指和中指并拢，在儿童的两乳连线中点下方进行按压，按压深度为儿童胸壁厚度的 1/3 左右，新生儿约 1.5cm，婴儿约 4cm，儿童约 5cm，青少年 5～6cm，按压的频率为每分钟至少 100 次，按 30 下后进行人工呼吸。

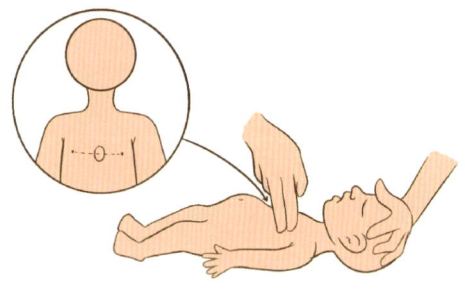

第四步：开放气道

让孩子面朝上平卧，一只手放在额头上将头略微后仰，另一只手将下颌轻轻抬起，使他的口鼻的延长线和胸腹处于两条平行线之间。

注意：不要让其颈部过于弯曲，这样的话一方面可能会损伤颈椎，另外一方面孩子的气管会发生弯折，反而阻塞了气道。

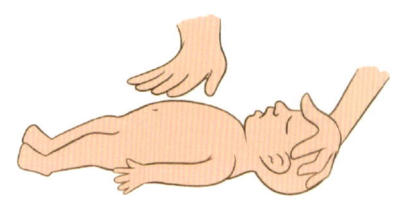

第五步：人工呼吸

对于婴幼儿，进行口对口的通气。每次通气时间是 1 秒钟，通气的量以他（她）胸腹部有明显的起伏为标准，千万不要把成人所有的一口气都吹到他（她）的肺里面，这样会对他（她）造成损伤。

如果孩子比较大，我们可以口对口进行通气，吹气的时候捏住鼻孔，放松的时候要把鼻孔松开，让气流自然出来，吹气 1 秒钟，放松 1 秒钟，两次呼吸时长为 4 秒钟。然后我们按照 30:2 的频率，也就是做 30 次按压，2 次通气这样的比例持续进行。直至医务人员到来或孩子苏醒。

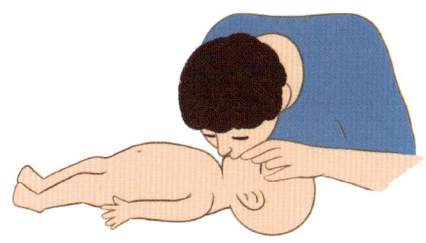

触电急救二切忌

切忌直接用手去拉触电者。
切忌未断开电源就触碰伤者。

记住：

要确保自己和被救者周围是安全的，再进行下一步急救操作，避免再次发生触电事故。

电梯事故伤害

 黑数据

  据全国电梯统保项目网站分析,2014年4月到2016年5月的157起电梯事故中,50岁以上老人在事故中伤亡人数占总体40%,10岁以下儿童占比35%。电梯事故有的发生在公共场所的自动扶梯上,有的发生在高层楼宇的升降式电梯里。

  据媒体报道,2018年6月27日~7月7日,短短10天广东省发生了3起自动扶梯伤害孩子的事故:6月27日廉江,一名幼童在商场自动扶梯口摔倒,手指被夹进电梯中,被路人救出送医。6月30日东莞,一名2岁女童随妈妈去医院乘坐自动扶梯时,右脚被卡,右脚大拇指被电梯当场"咬"碎,不得不截断。7月7日佛山,一名3岁儿童在商场自动扶梯下行口被卡住脚,4根脚趾骨折。

黑故事 13

想当超人的小明，从电梯扶手上飞出

妈妈带着 9 岁的小明去儿童玩具商城，准备给他买一个超人玩具模型，奖励他期中考试取得好成绩。

> 妈妈，妈妈，这个超人可厉害呢！上天入地无所不能……

> 嗯，有一天你也会像超人一样厉害的！

电梯事故伤害

妈妈在商场遇见了好朋友李阿姨和她的女儿小红。小明拿出超人玩具跟小红炫耀。

好划算啊!

促销买的。

看!我妈妈给我买的超人玩具,它可厉害了!一下子飞老高……

超人会飞,但是你会吗?哼!

谁说我不会,我飞给你看!等着!

他瞥见一旁的自动扶梯,想起学校里的同学也有人经常坐在楼梯扶手上滑行,可威风了!立刻要尝试一下。

> 小红!看,我……

> 啊!!!

电梯事故伤害

　　妈妈突然瞥见了这一幕，飞奔冲上电梯，伸长双手，试图抓住小明的脚。
　　结果还是晚了一步，眼睁睁地看着小明从四层楼高的电梯上摔下去。

——"妈妈,为什么我不能像超人一样飞翔?"
——"傻孩子,因为你我都不会飞!"

电梯事故伤害

小明妈妈自白

小明喜欢超人,想学飞,我没在意他这个危险的想象,在电梯上没看护住好动的孩子,我太大意了……

当头棒喝

爸爸妈妈们,儿童的好奇心和好动性,让他们喜欢在电梯上各种"探索",这都是危险性的行为,家长要教导并制止,严厉有时就是保护。

案例回放

案例一

2019年3月30日中午,广东省东莞常平正利广场,一名母亲带着两个孩子搭乘自动扶梯下楼,她左手单手抱着婴儿,稍大的男童站在右侧。电梯运行时,一个重心不稳,母亲身体失去平衡,怀中婴儿竟然脱手而出,从3楼扶梯掉落。救护车和医护人员赶到,婴儿经抢救无效死亡。

案例二

2019年3月17日下午,山东省淄博市消防支队接到报警,一名儿童手被卡在了电梯门里。这名3岁左右的男童由家长抱着乘坐升降电梯,电梯运行中,孩子的手一直摸着电梯门玩。电梯停下后,电梯门随之打开,右手没有及时拿开,随着电梯门的开动卡在了电梯门和轿厢的缝隙中。

案例三

2019年2月25日,湖北省武汉市汉口,一名1岁男童由奶奶带着逛商场,孩子在自动扶梯上摔了一跤,用手撑地时左手小指被电梯凸起部分的金属刺穿,手指卡在间隙处动弹不得,嘴也磕伤了。紧急送医后手术救回了孩子的手指,但因为小手指的皮下软组织、肌腱、血管、神经、骨头被绞断,可能会影响关节屈伸和手指感觉,后期需做康复训练。

案例四

2018年12月14日晚上,广东省东莞市虎门一家商场内,一名参加校外培训的小学生从4楼的自动扶梯上摔了下去。事发当晚扶梯并没有运转,小学生走到扶梯口,顺势坐上了扶手带,在他想调整坐姿时,意外发生了,他从自动扶梯上跌落,造成肺部挫伤,左手手肘骨折,颈椎受伤。

案例五

2018年8月21日14:20,广东省深圳市龙华区深圳北站枢纽东广场5号扶梯,一名儿童在自动扶梯处下端等待母亲的时候,因玩耍不慎将手卷入扶手带,随后触发保护开关,扶梯自动停止。相关工作人员及时赶到现场处理,将小孩的手脱离自动扶梯。经检查,小孩手部轻微淤青,已做包扎处理,并无大碍。

案例六

2018年8月20日,广东省深圳市龙岗区一家商场,一名3岁大的女童在商场搭乘自动扶梯的时候,将小手伸到了阶梯的缝隙处，被卡住。所幸事发时，一名顾客立即上前，按下自动扶梯的紧急按钮，小女孩才没有受到更大伤害。

黑点探查

自动扶梯里"杀手"藏身何处？

梯级与围裙板之间缝隙

按照行业规范，围裙板与梯级、踏板间任何一侧的水平间隙不应大于4毫米，防止梯级行进中，与静止围裙板之间的缝隙将孩子的手指甚至手臂卷入其中。此外，有些孩子乘扶梯时喜欢将脚靠在围裙板上，若不慎将鞋尖、鞋带或裤边卷入缝隙，就会将脚也带进去。

踏板与末端梳齿板间缝隙

孩子手指细小，平衡性不好，一旦趴倒在扶梯上，易夹入手指造成伤害。

自动扶梯下面扶手槽

扶手槽入口处包裹着10多条黑色橡胶带，而且和扶梯下面的按钮相连，一旦孩子的手伸入橡胶带后，触动相连按钮，自动扶梯就会立即停止。

扶手与构筑物夹角

孩子好奇心强，上行过程中把头部伸出扶梯向下看时，此处夹角易导致意外发生。

乘坐自动扶梯时的危险动作

家长带小孩搭乘扶梯不扶扶手、放任小孩在扶梯上玩耍、让小孩坐在扶梯上、没有站在黄色安全线内等。

黑板讲解

防止自动扶梯伤害,家长这样做

搭乘自动扶梯安全小贴士

1. 搭乘自动扶梯时,切记不要将孩子放在婴儿车或购物车中;切记不要单手抱小孩,防止大人在扶梯口突然重心不稳时孩子滑脱,导致高坠。建议抱婴儿的家长不要乘坐自动扶梯。

2. 五岁以下孩子乘扶梯时尽量别穿材质很软的凉鞋，防止被卷入扶梯，而且卷入后，扶梯的安全装置可能无法及时启动使扶梯停运。

3. 站在自动扶梯上，家长要握紧孩子的手。不可让小孩的重心高于护栏高度，失去有效保护。

4. 教导孩子不要踩到黄色安全警示线以及两个梯级相连的部位，因为这里最容易被卡住。

5. 让孩子知道自动扶梯紧急停机按钮的位置。

6. 禁止孩子将手放入梯级与围裙板的间隙内。

7. 不要让孩子在自动扶梯的台阶上拿着东西（手机、iPad平板电脑等），由于扶梯一直在运转，如果东西掉了孩子弯腰去捡，极有可能发生踩踏事件。

8. 禁止孩子坐在扶梯和扶手上面，不允许在扶梯上逆行、攀爬、倚靠或玩耍追逐。

9. 人多时不要挤上拥挤的扶梯，最好与上下台阶的其他乘客保持一到两个台阶的距离。

搭乘升降式电梯"五不要"

1. 不要让孩子单独乘电梯，孩子天性顽皮，对危险缺乏足够认知和预判。
2. 不要让孩子随便去按数字和开关旁边的按钮，一旦按错了，就可能给自己或别人带来很多麻烦。
3. 不要让孩子在电梯里跑跳，这可能会使电梯突然停运。
4. 不要让孩子将手放在垂直电梯门旁，防止电梯门开启时，挤伤手指。
5. 不要让孩子过于迟缓出入轿门，小心被电梯门夹住。

发生事故时如何应对？

自动扶梯事故发生时

第一时间按紧急按钮

无论上下方向，自动扶梯的一侧下方都应有红色的紧急按钮，按钮位置通常选择在不会被轻易触发的地方。在确认有人被卷入电梯时，周围的人应迅速找到紧急按钮，果断按下，扶梯就会在2秒内缓冲30～40厘米自动停下。

如果无法第一时间按下紧急按钮

扶梯无法停止时,乘梯人应双手紧紧抓住自动扶梯的扶手,支撑身体把脚抬起,不要踩在自动扶梯踏板上,这样人就会随着自动扶梯的护栏移动,不会摔倒,但有一个前提是电梯上的人不能太多。

遇到拥挤伤害事件时

最重要的是保护好自己的头部和颈椎,可一手抱住枕部(人体大脑部位的后脑勺),一手护住后颈,身体屈曲,不要乱跑,就地保护。带孩子的家长要尽快把孩子抱到身边保护起来。

遇到扶梯倒行时

迅速抓紧扶手,压低身姿保持稳定,并和周围人大声沟通,保持冷静,切忌拥挤踩踏。

升降式电梯发生故障时

1. 不论有几层楼,赶快把每一层楼的按键都按下。切记,要从底部往上按,以最快的速度全按亮,哪怕不亮也要按。当紧急电源启动时,可防止电梯继续下坠。

2. 如果电梯内有手把，请紧握手把，避免因重心不稳而摔伤。

3. 整个背部跟头部紧贴电梯内墙，呈一直线，膝盖呈弯曲姿势。运用电梯墙壁作为脊椎的防护，借用膝盖弯曲来缓冲重击压力，减轻电梯坠落着地时对人体的冲击伤害。

动物咬伤

 黑数据

据世界卫生组织近年统计，在被疑患狂犬病动物咬伤的受害者中，15岁以下儿童占40%。

据深圳市公安局110接警中心统计，近年来，深圳市宠物狗咬人、狗吠扰民等引起的治安纠纷警情逐年增多。据统计，2016年，该类警情总数为2868起，2017年增长为3452起，其中"犬只伤人"警情为3103起。而2018年1月至10月，"犬只伤人"警情总数已达3293起。犬只伤人事件中大多数受害者为儿童，50%被咬者年龄在12岁以下，被咬伤部位多为头颈部。

黑故事 14

被惹急的小狗，向小华张开了嘴

今天是小华 6 岁生日，他邀请了一群好伙伴来家里一起过生日。

爸爸妈妈今天提早下班，去给小华买庆生的东西，并叮嘱小华和同学要结伴回家。

动物咬伤

傍晚正是遛狗的好时间,刘阿姨带着狗狗们出来玩。两只柯基犬屁股毛茸茸的,尾巴还被修成爱心状,别提多可爱了。孩子们一下子就被吸引住了,围着小狗叽叽喳喳闹个不停。

刘阿姨看孩子们这么喜欢狗狗，自家狗狗平时也很温顺，就解开狗绳让狗狗和孩子们一起玩耍。自己和邻居坐在花园的石板凳上聊天，时不时回头看看情况。

动物咬伤

小孩子们不知不觉地顽劣起来,他们开始扯小狗的尾巴,用石头击打小狗。看着小狗瑟瑟发抖,发出呜咽,孩子们笑得更大声了。

刘阿姨正聊得起劲,不想身后传来孩子的哭叫声,吓得她心头一紧,赶紧跑过去。

原本温顺的小柯基此刻炸了毛,露出尖尖的牙,嘴里发出不悦的低吠。刚刚拿石头砸狗狗的小华腿上被咬了一口,渗着血,坐在那里一动不动,表情呆滞,已经吓坏了。

哇!

小朋友们被吓哭了,站在一旁不知所措。

小华爸爸自白

小区养狗的人多,主人不拴好狗,对孩子来说真是很大危害。我们家长也要检讨自己,平时没有特别提醒孩子注意宠物攻击的危险。唉!

当头棒喝

管好宠物尤其是具攻击性的犬只,是一个养宠人的基本修养。家长们也要教导孩子,不要过于亲近和逗弄陌生宠物犬,提防被伤害。

案例回放

狗咬伤

案例一

2019年4月26日早晨,湖北省武汉市汉南区某小区内,一名8岁多男童,被两只在小区内游荡的大黑狗扑倒在地,咬得伤痕累累。当时,男童骑着自行车从小区内经过,突然有两只未拴绳子的大黑狗从边上蹿出来,将男童连人带车扑倒在地撕咬,男童的衣服被咬得稀烂。一男子见状,赶紧将浑身是血的男童抱到自己的私家车上,送到附近医院抢救。

案例二

2019年1月31日,湖北省武汉市市民杨先生一家4口带着两只宠物狗从武汉出发回河北老家过年,大人坐前排,两个孩子和宠物狗坐后排。不料在行驶途中,两只宠物狗打起了架,其中一只金毛狗将8岁小儿子的头部咬伤。家长立即驱车将孩子送往河南信阳的医院进行处理。

案例三

2019年1月22日傍晚,广东省深圳市宝安区一名男童独自下楼玩耍期间,被小区业主的宠物狗咬伤。据了解,闯祸的这条阿拉斯加有犬证,当时狗主也牵了绳。事发时孩子疑似主动凑上去,与狗接触后被扑倒咬伤。

案例四

2018年7月24日下午4时,广东省深圳市南山区某小区一名11岁女童正在等电梯。电梯门缓缓打开后,一个阿姨牵着两只大狗走了出来,其中一只大狗忽然扑向女童,她躲避不及,肘部被狗抓了一道痕迹。

案例五

2018年7月13日,广东省中山市大涌镇叠石村发生一起狗咬人的恶性事件,导致一名4岁半男童被严重咬伤,几乎毁容,背部、手臂也有多处被咬伤。事发时,狗被邻居拴在了笼子外面,拴狗的绳子有2米左右的长度。事发后,男童被紧急送往中山市人民医院救治。

案例六

2017年4月16日傍晚,安徽省芜湖市镜湖区一住宅小区内,一名6岁男童被一只黑狗扑倒后咬伤面部。随后被送往医院进行面部治疗、整形手术。第二天上午,男童在镜湖区医院注射了狂犬病疫苗。谁知仅过了8天,男童身上出现了一些异常症状,后经南京两家医院会诊,被诊断为狂犬病。5月22日凌晨,经抢救无效不幸离世。

其他动物咬伤

案例一

2018年3月20日晚上,广东省深圳市宝安区蓝女士的女儿在阳台玩,看到小仓鼠跑出来,她伸手去抓,就被咬了一口,手上出现了血印。女儿被咬伤以后,蓝女士连夜打的带着女儿前往医院就诊,处理伤口后,以防万一又打了狂犬病疫苗。

案例二

2017年4月20日,家住广东省深圳市龙华区观澜街道一名1岁半女童,在家门口的菜地旁被毒蛇咬伤,经交警帮忙护送,迅速来到深圳市中医院急诊科(蛇伤科)救治。原来,早晨奶奶带孩子在家门口菜地玩,一转身的功夫,就听到孩子的哭声,仔细一看,发现孩子的小手上有两个小洞眼,像是被蛇咬伤的。随后在门外发现一条绿色的蛇盘在地上。家长猜测,可能是孩子太小对什么都好奇,看到绿色盘在一起的东西,上前去捡,不想就这样被蛇咬伤。

黑点探查

春季犬类为何频频伤人？

俗语讲："菜花黄，狗发狂。"春天正值猫狗的发情期，平时温顺可爱的小猫、小狗会出现狂躁不安、攻击性增强的现象，遇到一点刺激，就可能性情突变，攻击人类。加之天气转暖，人们的衣服穿得轻薄，增加了被动物攻击暴露处的风险。

狗为什么总爱咬小孩？

犬只恃强凌弱，孩子体格较小，与狗对视时，平视目光会让狗觉得受到了威胁。同时儿童个子矮，容易被狗咬到头颈部等神经较多的关键部位，且儿童体重轻，一旦狂犬病病毒从伤口进入血液，病毒的浓度相对较高，危险指数也相应更高。

黑板讲解

预防动物伤害，家长这样做

1. 给家里的宠物注射疫苗，办理合格证件。带宠物外出时应由成人牵领，并使用犬链、嘴罩，避让特殊人群尤其是儿童。

2. 不要让狗或其他大型宠物看护孩子，大人应该时刻留心孩子。

3. 遇到犬只逼近或追赶时要保持冷静，不要直视它的眼睛，也不要撒腿就跑，可以蹲

下身缓慢后退。

4. 教育孩子要与动物保持距离,不要去招惹它们。不要逗弄陌生猫狗,即使是有主人在场,也要注意安全。

5. 不要在动物进食和睡觉时打扰它们。

6. 参观动物园时,要在护栏外观赏,不要把手伸进护栏,喂食需要在工作人员的指导下进行。

7. 不要到草丛或灌木丛中玩耍,留心昆虫和其他小动物。

被病犬、病猫等动物咬伤后怎么处理?

冲洗伤口

使用浓肥皂水(浓度20%左右)或者其他弱碱性清洁剂,通过一定压力的流动清水(自来水)彻底冲洗所有咬伤和抓伤处,较深伤口用注射器或者高压脉冲器械伸入伤口深部灌注清洗,冲洗至少15分钟。

消毒和清创伤口

用2%～3%碘酒(碘伏)或者75%酒精涂擦伤口。尽可能清除伤口内的淤血、凝血块和失活的或可能被狂犬病病毒污染的组织。

根据暴露情况注射狂犬病被动免疫制剂

在伤口周围浸润、注射狂犬病被动免疫制剂。

缝合或包扎伤口

伤口轻微时,可不缝合,也可不包扎,可用透气性敷料覆盖创面。伤口较大或者面部重伤影响面容或者功能时,确需缝合的,在完成清创消毒、注射狂犬病被动免疫制剂,数小时后(不少于2小时)再缝合和包扎。伤口深而大者应当放置引流条。

接种人用狂犬病疫苗

按照4针法（第0天2针、第7天1针、第21天1针）或5针法（第0天、第3天、第7天、第14天、第28天各一针）程序接种人用狂犬病疫苗。

  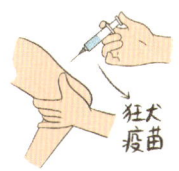

绝大多数狂犬病病例源于狗咬伤

狗、猫、狐狸、雪貂、浣熊、臭鼬、蝙蝠……几乎所有的哺乳动物都可以感染狂犬病病毒，其中食肉目动物和翼手目动物是狂犬病病毒最主要的易感动物。

在我国，绝大多数的人狂犬病病例都是被感染了狂犬病病毒的狗咬伤所致，猫咬伤致病也偶有发生。近年来，还出现了通过移植狂犬病病人的器官或组织而感染的病例。

被鸡啄伤了要不要打狂犬病疫苗呢？

不需要。鸡、鸭、鹅等禽类以及鱼、龟、蛇、蜥蜴是不会感染和传播狂犬病病毒的。

被兔子咬伤要不要打狂犬病疫苗呢？

不需要。目前没有发现兔子导致人得狂犬病病例的证据。

被鼠类咬伤要不要打狂犬病疫苗呢？

不需要。老鼠不是狂犬病储存宿主，被咬伤了别着急。

深圳宝安区疾病预防控制专家介绍，世界卫生组织报告显示，除极个别情况外，在全球范围内，被老鼠咬伤都不用接种狂犬病疫苗。因为老鼠在全球都不是狂犬病的储存宿主。

被蛇咬伤，大件事！

蛇咬伤应立即送往当地专科医院。例如深圳居民可以送深圳市中医院蛇伤专科。

如果被蛇咬伤，除了捆扎伤口旁近心端，还有其他的急救措施可以使用。专家介绍，"清洗伤口也非常重要，一般的毒蛇咬过的伤口可以先用小刀片切开，再从近心端向远心端挤血，并用清水清洗伤口。而捆扎也很有讲究，捆扎的力度要能阻止静脉血和淋巴回流，而不妨碍动脉血流动，每隔半小时还要放松几分钟，以防止因血液循环受阻而造成组织坏死。"经过初步处理后，伤员要尽快送往医院做进一步的治疗。

专家提醒市民，如果儿童被蛇咬伤，家长不要惊慌失措，要及时制止小儿奔跑走动，以免毒液快速向全身扩散。

无论被什么动物咬伤，应先及时清洗伤口！

首先，受伤后应马上用肥皂水和流动清水交替清洗伤口至少15分钟。记住，充分清洗伤口非常重要，必须第一时间做到。其次，用碘伏或酒精消毒伤口，不要包扎。如果伤口较深或者面积较大，则应及时去医院清洗、消毒伤口。注意要去正规医院治疗，密切观察有没有发热、出血等症状。

抑郁症

黑数据

据《中国青年发展报告》2018 年数据显示，我国 17 岁以下儿童青少年中，约有 3000 万人曾受到各种情绪障碍和行为问题困扰。

2018 年广州市卫生计生委公布的数据显示，该市登记在册的严重精神障碍患者约 5 万名，起病年龄小于 18 岁的占 4 成。

据新华社 2004 年 10 月报道，天津市青少年心理调查研究显示，天津 8 岁至 15 岁的中小学生人群中有抑郁心境的占 15.1%，其中男孩比例高于女孩，而处于 12 岁和 15 岁小学、初中毕业班的孩子比例最高，分别达到 25.8% 和 22.2%。

2013 年国内官方公布的一项调查显示，上海地区有 24.39% 的中小学生曾有一闪而过的结束自己生命的想法，认真考虑过该想法的也占到 15.23%，更有 5.85% 的中小学生曾计划自杀，并有 1.71% 的中小学生自杀未遂。

黑故事 15

不想再写作业的杰仔,选择告别

杰仔 14 岁,上初二,为了让他上这所市重点学校,父母咬牙重金买下这里的学区房。

杰仔是个乖孩子,上小学时是班干部,升入中学,他进了重点班。

上了初中,适应期过渡得不是很顺利,杰仔成绩下滑了。几次考试名次往后跌。

爸妈很紧张，带着孩子去学校找老师寻对策，并且在培训机构给他报了3门主科的培训。他喜欢的绘画课，没时间上，停了。

杰仔近视了。每次考试他都很紧张,因为爸妈也很紧张。每次排名关系着家庭气氛的喜与忧。

重点班高手汇集,杰仔很努力了,名次还是靠后。初二下学期期末考,杰仔排名 54,全班倒数第一。而这次考试成绩,将是重新分班的依据,杰仔被从重点班转入普通班。

抑郁症

　　爸爸很生气，说杰仔不争气。妈妈一直在叹息，家里买房背的房贷，每学期的高额补习费，都是父母的血汗钱……
　　这是一个郁闷的暑假，杰仔除了补课就是补课。然而，他还是希望暑假再长点，开学就要被"贬"到普通班，爸妈会更不高兴的。他很内疚，也很乏力……

147

9月1日开学日,杰仔依然步行去学校。离开家前,杰仔跟妈妈说了一些奇怪的话。

抑郁症

下午,正在上班的杰仔妈妈接到班主任电话,问孩子怎么没来报到。反复打杰仔电话,都没人接。妈妈于是回家去找。家里没人。就在杰仔妈妈寻找的时候,楼下传来惊呼声,有人大叫:"有人跳楼了!"

杰仔妈妈奔下楼去,绿化带上躺着的竟是杰仔……当天傍晚,杰仔在医院抢救无效死亡。警方调查认定,杰仔死于高坠,排除他杀。

数日后,整理杰仔房间时,发现了他放在抽屉里的遗书。他说,对不起爸爸妈妈,他太累了,想好好休息,不想再写作业了。

杰仔妈妈自白

只要杰仔回来，我们再不会过问他的成绩和名次了……

当头棒喝

爸爸妈妈们，请不要把自己的希望寄托在孩子身上。现在的教育体制给孩子的压力已经很大了，家长们不应在心理上再给孩子加压，你不知道哪一句呵斥，有可能就是压垮孩子精神的最后一根稻草。

案例回放

案例一

2020年6月4日,江苏省常州市金坛区某小学五年级学生缪姓女孩,因在作文课上被老师批评,要求她传递正能量,她随后从4楼跳下,不幸身亡。

案例二

2020年3月3日,河北省石家庄市某小区一名五年级的小学生,当天早晨因家长训斥他上网课不积极、不认真,一气之下就从楼上跳了下来。据称120急救车赶到现场时孩子已无生命体征。

案例三

2019年7月24日,重庆涪陵一名9岁男孩从8楼跳下,经抢救无效后死亡。据知情人士称,事发时男孩父母都在家。男孩不满被母亲要求写作业,随后跳楼,当时其残疾母亲试图抓住未果。

案例四

2019年2月21日下午,新学期第四天,广东省深圳市宝安区一名13岁男孩小金在家附近坠楼身亡。出事前男孩被班主任要求在家完成寒假作业,男孩出事后,家属陆续发现4封遗书,被分别放置在不同的地方。家属在小金左手上发现两道刀痕,但伤口不深,不足以致命。他们认为,在小金坠楼前,捂住左手出现在楼下监控时,应该已经尝试过割脉了。据透露,事后警方在现场找到了那把刀。当天傍晚,小金经医院抢救无效死亡。经宝安警方调查,初步认定小金的死系高坠事故,排除他杀。

案例五

2017年3月2日上午,广东省深圳市宝安区中心某高层小区一名女孩从小区楼顶(26层)坠下轻生。据警方调查,死者15岁,患有抑郁症,并已辍学两年。

案例六

据警方通报,2016年11月3日下午4时许,广东省深圳市宝安区松岗坑尾上新路某楼楼梯口有一名13岁男孩被发现上吊,送到医院时已无生命迹象,经医院诊断,宣布死亡。经法医初步鉴定,为缢死死亡,家属无异议。男孩家人表示,孩子父亲早亡、母亲改嫁。

案例七

2015年4月7日晚，江苏省扬州市某小学一名11岁男孩放学回家后，在厨房缢亡。警方初查是自杀身亡。事发前一天他在QQ空间称"学习太累、活着太累"。

案例八

2015年3月30日，浙江省杭州市一名小学四年级女孩因未完成作业被老师叫家长来学校，在受到老师和家长的批评后，女孩回到家就从7楼跳下，最终抢救无效离世。

案例九

2014年10月9日，广东省深圳市宝安区松岗街道某小学五年级10岁男孩因与同学发生冲突，当日下午1时30分，他在学校午休时间几乎是以百米冲刺的速度冲出4楼教室，翻越围栏坠楼身亡。

黑点探查

美国儿童医院研究所调查了2003年至2012年之间美国自杀儿童（5～11岁）的数据，数据显示：自杀与人际关系有关。自杀儿童中，60%跟朋友或家人存在关系问题；30%～40%存在学校问题和近期危机。自杀儿童约33%患有心理障碍。在这33%中，59%患有注意力缺陷障碍（多动症），33%患有抑郁症。由于症状的相似性，一些被诊断患有多动症的孩子实际上可能患有躁郁症。

此项调查也指出了导致儿童产生自杀的其他风险因素。例如，校园霸凌、身体虐待、被忽视、家庭冲突等。

黑板讲解

预防儿童抑郁症，家长这样做

给孩子时间和陪伴

孩子在成长过程中，最需要父母的关爱和呵护。不要因为忙于工作，而疏忽了孩子。父母应该加强与孩子的沟通与交流，多陪伴孩子，比如陪孩子看电视，陪孩子玩游戏。孩子遇到困难时，家长应和孩子及时沟通，循序渐进地引导，疏解消极情绪，培养乐观心态。

给孩子减负

现行教育制度给孩子带来无所不在的压力，有的父母"望子成龙"，给孩子报了许多辅导班、兴趣班，但对很多孩子而言却毫无兴趣，反而增添了压力和烦恼。家长应该创造条件给孩子减负，给他们时间做自己喜欢做的事情。

给孩子活动空间

家长留意不要让孩子长时间拘泥于狭小的空间中，可以带孩子去公园、郊野等大自然中走一走，扩大活动领域，开阔孩子的眼界，让孩子身心愉悦，热爱生活。

给孩子民主健康的家庭环境

创造一个民主健康的家庭环境，让孩子心灵得到爱和滋润。

孩子得了抑郁症,家长如何做

心理学家研究发现,及时发现儿童抑郁症状,及早干预,就能挽救一个生命。医学上使用"危机干预五法宝",即一停二看三听四陪五治疗,能在不同阶段救助抑郁症儿童。

一停

指全方位的危机干预,把关注的时间与精力停放在身边的高危险群。对于孩子来说,高危险群包含如下情况:患抑郁症的、人际关系不良的(孤僻、受欺凌等)、学业压力大的、高度紧张焦虑的、情感产生障碍的(如失恋)、亲子发生冲突的、有网瘾的、滥用各种酒精及药物的。

二看

指观察、查看高危险群的异常现象,察看是否有以下生命危机的九大征兆:六变三托。六变中改变的强度越大,异常的项目越多,生命危机越大,"三托"则是进入自杀安排的高危险期。

"六变"指"性情大变、行为大变、花钱大变、言语大变、身体大变、环境大变"。

1. 性情大变

性情变得和往常不一样,如外向的人突然变得内向,内向的人突然变得多话等。

2. 行为大变

突然不按规律习惯作息,违反常态。如突然逃学,或请病假不上课,或开始自伤自残,一直打电话或一直不接电话,一直缠着人或突然消失无踪。

3. 花钱大变

突然大笔花钱,或乱买东西送人等。

4. 言语大变

日常说话突然开始谈论死亡的内容或书写死亡的内容。

5. 身体大变

是指一个人遇到以下情况时可能引发生命危机。如突然得了大病,或者突然遭遇变故导致肢体伤残或毁容等。

6. 环境大变

如遭遇天灾人祸、家毁人亡,或者失恋、大考失败,或者父母离婚、家人或重要的人死亡等。

"三托"指"托人、托事、托物"。此为高危征兆。

1. 托人

突然向亲朋好友嘱咐、要求或委托加强对某人的照顾。

2. 托事

突然列出自己的重大事件,要求或委托他人代为执行或完成。

3. 托物

突然打包自己重要的东西、玩物或宠物,要求或委托他人代为照顾或保管。

三听

指的是注意去听高危险群的人，在不同时间对不同人是否都说些同样的话。异常情况主要有4点：突然开始阔谈或书写生命的意义；突然开始谈或书写死亡的价值仪式与花费；突然开始谈或书写生命的方式；突然谈论或书写"活不下去""死了算了""我想自杀"等语言文字，表达的次数越多时间越长，危机就越严重。

四陪

指一旦发现孩子的危机，要立即采取"陪同"行动。自我伤害是一个人最私密的事，必须独自完成。只要有人出现，自我伤害行为几乎都会中断而停止，所以制止自伤行为发生最有效的手法就是"陪在身边"。陪同只是禁止他（她）自杀的方法，但没有消除或减弱当事人自杀的念头。

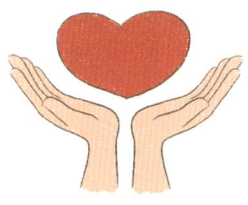

五治疗

企图自杀或是自杀未遂者须积极就医，可以送至当地专科医院。如果已经出事，先送急诊救治身体伤害后，再转临床心理科治疗心理问题。如果有精神疾病史或正在服用精神科药物，应送精神科并要求转介心理科，接受药物与心理联合治疗。

|被拐卖

 黑数据

据国家统计局《儿童发展纲要统计监测报告》统计，2018年全国共破获拐卖儿童案件606起。

《中国统计年鉴》记录，公安部2017年共立案拐卖儿童妇女案件6668件，平均每天有近20名妇女儿童被拐卖。

根据公安部儿童失踪信息紧急发布平台"团圆"系统数据显示，截至2019年5月15日，"团圆"系统上线3周年，共发布儿童走失信息3978条，找回3901名儿童，找回率为98%，其中解救被拐儿童57名。值得提醒的是，虽然目前我国拐卖儿童案件已呈现"低发高破"态势，但仍然有案件因线索不足难以侦破。

黑故事 16

爷爷蹲下挑鱼，元元被牵走了

元元 4 岁，跟在外打工的爸妈住在一起。上幼儿园中班的元元每天由爷爷接送上下学。

回家路上，他们有两三次遇到一个小哥哥，小哥哥很喜欢元元，分给元元糖和米糕吃。小哥哥 10 岁，爷爷让元元叫他"哥哥"。

> 元元，快谢谢哥哥。

> 乖！

> 谢谢哥哥！

这是一个周五下午,爷爷接完元元,顺便带着他到菜市场,买点菜回家做饭。

在海鲜档口,爷爷看到新鲜的海鱼,放开牵着元元的手,蹲下去仔细挑鱼。

元元站在档口等,看到小哥哥正在前面对他招手,手里拿着他爱吃的米糕,还有一个玩具货柜车。

元元高兴地一下蹦了过去,小哥哥把米糕递给他,牵着他,说带他到前面空地去开玩具车。元元很喜欢玩具车,连跑带跳地跟着小哥哥走了……
爷爷选完鱼,抬起头,元元不见了!

> 元元不见了……

> 走,哥哥带你去前面玩车。

公安机关统计发现，不到一年的时间里，元元家这一带附近竟然失踪了10多名男童，就此成立专案组。

最近在XX附近失踪了10多名男童……
我们会对该事件跟进报道。

媒体对事件跟进报道，开通专案组电话。随后，省公安厅派员来到当地，全省警方联动侦破案件。

一条重要线索被查出：几乎每次儿童失踪，都有一名右侧脸部长有一块黑疤的、被附近人称作"阴阳脸"的中年男子出现。

经核实，该人为居住在这一带的 47 岁男子许某，带着 10 岁的儿子在此生活。

数日之后,当许某乘坐大巴来到一个汽车收费站时,被早已守候在此的专案组民警抓获,同车一名刚被拐儿童也被安全解救。

经审讯,许某交代了利用其子以糖果为诱饵拐卖儿童作案的犯罪事实。

随后，警方成功解救了 9 名被拐男童。在被解救的 9 名男童中，就有在菜市场被拐的元元。

随后 3 个月，另有 9 名被拐儿童被解救出来回到父母身边。至此，此案中被解救儿童已经达到 18 人。

在法庭上,公诉人出示了许某儿子的证词,这个"小哥哥"承认了父亲逼迫他去拐骗小孩的经过。

经法院审理,主犯许某一审被判处死刑。

元元爷爷自白

拉着孩子的手,一刻也不该松开啊,菜市场人多混乱,事后询问,大家都没注意到元元被拐,以为他跟着亲友走开了。

当头棒喝

爸爸妈妈们,爷爷奶奶们,永远不要让孩子离开自己的视线,尤其是在公共场合。商场、公园、广场、车站、游乐场,都是儿童走失高发场所。

案例回放

案例一

2019年7月4日早上6点30分,浙江省杭州市淳安县千岛湖镇青溪村9岁女童欣欣被租客梁某、谢某从家中带走。7月7日失去联络。7月8日凌晨,梁某、谢某在宁波某地自杀身亡,女童下落不明。7月13日12时30分,在该省象山县石浦海域发现女童遗体,并经刑侦技术鉴定确认为欣欣。

案例二

2019年1月1日下午4时许,广东省深圳市龙岗区新城派出所接市民殷女士报警,称在龙城街道某商场,一名陌生男子突然将其女儿(2岁7个月)抱起欲离开,被殷女士制止。民警迅速赶赴现场处置,将该嫌疑人带回调查。警方查实,刘某当日曾饮酒且行为表现异常。随后,公安机关将刘某送往医院约束治疗,并做进一步处理。

案例三

2005年1月4日上午10时,在广东省增城某公司打工的申某妻子于某正在屋里做饭,儿子聪聪在床上睡觉。这时,屋内闯进了两个人,一个人从身后抱住于某,往其脸上喷洒不明液体,并用胶带将其控制,而另一个人抱起熟睡的聪聪就往外跑。事后,警方介入调查,锁定斜对门的一对贵州籍邻居,证实为作案人。

2016年3月,当年参与抢孩子的嫌疑人被抓后,供述了聪聪被卖的经过:在广东省河源市紫金县汽车站附近的一家饭店内,抢人者通过一个叫"梅姨"的中间人,把聪聪卖给了当地的一对夫妇,价格是1.3万元。

在寻找被抢儿子15年后,2020年3月7日,广州增城警方安排了申某夫妇与失散15年的儿子申某团聚。

案例四

2013年,甘肃省庆阳市正宁县的李某将陈某(不满2周岁)盗走后冒充其母亲在网上发帖,欲收取5万元钱将陈某"送养"。孙某付给李某4万元后将陈某带至家中。公安机关将陈某解救送还亲属。

案例五

2006年至2008年间,马某伙同他人从云南等地收买儿童贩卖至江苏、山东等地,作案27起,参与拐卖儿童37人,一名女婴在运输途中死亡。

案例六

1988年至2008年间,蓝某伙同他人

在广西等地先后将廖某(男,时年1岁)以及韦某、黄某等33名3至10岁男童拐带至广西、福建等地并出卖,非法获利共计50余万元。

案例七

2003年至2005年间,贵州省绥阳县人张某通过刻意搭讪结识被拐卖儿童的家人,趁其不备抱走小孩,并贩卖牟利,累计作案8宗。此外,同案被告人周某提议,与杨某、刘某、陈某密谋策划,闯进出租房内,将被害人母亲捆绑,强行抱走被害人后交给张某贩卖。案涉9名幼儿至今下落不明。

案例八

2003年9月深圳警方接到一起儿童失踪报警,深入调查发现从2002年11月份以来,在罗湖区草埔、泥岗一带先后有10余名儿童失踪。深圳市公安局迅速成立了"9·09"特大系列拐卖儿童案专案组,并在两个月内成功抓获作案嫌疑人——47岁潮阳男子许某及另4名同伙。

经审讯查实,2002年11月到2003年10月期间,许某以指使其10岁儿子与其他儿童玩耍、然后诱骗离开的手法,多次从深圳草埔、布心等地拐骗儿童到同伙陈某家中,经陈某、邱某、周某、吴某等介绍卖出,他们分别或共同作案11起,拐卖的儿童中最小3岁、最大6岁,共得赃款13.92万元。2003年11月至2004年1月,深圳警方先后解救该案中18名被拐儿童回到深圳。经深圳市中级人民法院审理,主犯许某一审被判处死刑。

黑点探查

据中国最大的寻子网站"宝贝回家"统计，从 2007 年成立至 2013 年 5 月，该网站共收到全国寻子登记 5000 多条，其中 90% 是因为监管缺失导致孩子被拐走，一半被拐家庭属于农民工家庭。

2015 年，中央电视台曾经曝光过，孩子被拐卖的高发地中，家门口排名第一！很多家长，特别是老人，觉得家门口来来往往都是熟人，不会出事，这真的大错特错了！

另外，这些孩子走失高发场所也需要注意

商场
在此类场合中，大人们往往专注于选购商品、试穿衣服等，往往忽视对孩子的照看。

公园和广场
这些地方场地开阔，人群众多，人贩子易于隐蔽和转移。

车站
交通繁忙、人流量大的地方，各色人群混杂，容易成为人贩子的活动场所。

超市
超市也是孩子走失的重灾区，特别是一些大型超市，隔栏较多，柜台相似，孩子容易发生走失。

游乐场
游乐场是孩子们的最爱，父母离开之后，孩子可能还会返回或者滞留在原有的场馆，等到回过神来，发现与父母走散，孩子再跑出去追父母，很容易走失。

晚会现场
人群密集、灯光昏暗，更容易发生走失事件，所以家长最好和孩子手牵手。

黑板讲解

防止孩子失踪,家长应这样做

时刻保证孩子在视线范围之内

带孩子外出时,要随时注意孩子,牢记孩子最重要,不要让注意力过多集中在手机、商品、试衣服上。千万别让陌生人照看孩子,哪怕时间很短。

使用"接送卡"接孩子

幼儿园或学校放行孩子时,一定要使用"接送卡"。家长要与老师约定来接孩子的人,尽量别让外人代替。

建份孩子档案

父母要用文字记述孩子的体貌特征,比如身体哪个部位有胎记,手机内常备孩子近期照片以备急用。孩子一旦失踪,应及时广播或报案,孩子的体貌特征、服饰特征等就是重要信息。

聘请保姆要弄清身份

聘请保姆时一定要查清其真实身份并掌握一手资料,避免引狼入室。

教孩子一些自我保护的知识

教导儿童没有父母在身边时,不要跟陌生人走,不要搭乘陌生人的车,不可食用陌生人给的饮料、糖果和零食。

让孩子记住家庭信息

要把家庭住址、父母的电话号码告诉孩子,并要求孩子记住。告诉孩子要是迷路了或被拐骗、被绑架了,应找警察叔叔或拨打110电话。

发现孩子失踪，家长这样做

广播

如果是在车站、商场等公共场所，要立即找广播站。广播时，一定要讲清楚孩子的特征，如穿什么衣服、身上有什么明显的标志（例如胎记、痣等）以及父母的姓名和联系方式等。

报警

报警也是有技巧的，2岁以内的小孩还不会走太远，失踪应马上报警；3～6岁的孩子，活动半径不会太大，如果找了半个小时以上没找到，应及时报警；如果是小学生，最好马上联系和他（她）关系较好的同学及家长，询问后再报警。

公安部在2016年5月上线了"团圆系统"，命名为"儿童失踪信息紧急发布平台"。全国任何地方的公安局，接到儿童丢失信息之后，都会第一时间向周边群众推送。根据儿童失踪的时间不同，平台信息推送的范围也不同，如果儿童已失踪3个小时以上，那么平台推送信息的范围，将会达到500公里之远。

孩子确定丢失后，要通过微博、微信、手机客户端、广播、电视、户外广告、手机短信息等一切有效途径将寻亲信息迅速传播出去，让更多人知道，也可以利用机场、车站、码头、商场、道路等的公共视频资源帮助寻找。

专家访谈

专家访谈 1

儿童意外伤害事故可以避免吗？
——安全专家张立阳访谈录

儿童意外受伤，最是令人痛心疾首，那么事故主要成因是什么？危险是否可以避免？家长在日常生活中应如何保护孩子免受伤害？编者为此特地采访了安全专家张立阳，请她对儿童意外伤害的成因进行剖析。

问： 儿童意外伤害多发于溺水、道路交通意外伤害、跌落、中毒、烧烫伤、触电、电梯伤害、动物咬伤等事故。

您从安全专家的角度看，这些事故发生有没有共性原因？

答： 儿童作为特殊的群体，受限于身形等生理因素及认知等心理因素，遇家长监护不当，则易在各类事故中受到人身伤害或健康损害。我们可以从危险源辨识的角度，剖析儿童意外伤害事故的成因。

各类儿童意外伤害事故的危险源主要分为三类：一是儿童本身；二是儿童的监护人，即家长；三是环境。

问： 请给我们具体分析下这三个方面危险源的成因。

答： 首先说儿童。存在于儿童本身的危险源表现在身形、认知力和应急处置能力等方面。一、身形方面。儿童较成年人矮小，易位于车辆驾驶人的盲区而发生交通安全事故。儿童身形小，体力弱，运动能力较差，玩水时易发生溺水事故。二、认知方面。儿童缺乏对周边环境的危险辨识能力，安全意识薄弱,在行动上很难做到主动远离危险,易造成严重后果。比如儿童看到家中的电源插座时,很难意识到把东西放进插座里有触电的风险,若此时家长教育及监护不到位,则会发生触电事故。三、应急处置能力方面。当危险事件发生时,儿童缺乏自救技能和能力,无法正确应对和处置事故,如果不能及时得到旁人帮助和救治,极易造成严重后果。

再来看监护人(家长)。家长监护不当是造成事故的重要原因,主要表现在自身的不安全行为、对儿童缺乏安全教育和应急处置能力不足等方面。

自身的不安全行为之一为违反安全法规,如很多涉及儿童交通事故的原因是家长自身违反交通规则,如领儿童过马路闯红灯、骑电动自行车搭乘儿童且不戴安全头盔、驾车搭乘儿童时超速和不系安全带等。自身的不安全行为之二是将儿童置于危险的环境中,如将儿童置于汽车驾驶的盲区、将开水放置于儿童可触的活动范围内、让儿童独自乘搭自动扶梯等。自身的不安全行为之三是未向儿童提供相应的安全防护,如驾驶车辆时未将儿童置于儿童座椅内、家中有跌落风险的窗口、楼梯口未安装防护栏、固定电源插口未安装儿童插座保护套等。自身的不安全行为之四是未有效看护儿童,如很多儿童溺水事故发生时,家长是陪在儿童身边的,但有些家长并未随时关注儿童安全,而是专注于看手机等其他事务,当儿童溺水发生时不能及时发现并解救,造成不可挽回的损失。再比如每到夏季就会发生的儿童被遗忘在封闭车厢内,高温窒息的事故,反映出家长或监护人既缺乏安全意识,也缺乏足够的责任感,让人痛心疾首。

最后说环境危险源。环境危险源是固有风险,是客观存在的,如游泳池的溺水风险,电梯的机械伤害、高处坠落风险,电源插座触电风险等,环境危险源无法消除,但是可以通过采取技术和管理等措施减少事故发生的可能性。比如家长和救生员看护好正在游泳的儿童,家长为儿童讲解搭乘电梯时的注意事项并陪同儿童搭乘电梯,家长在电源插口安装儿童插座保护套等,都可以有效地降低儿童意外伤害事故的发生。

问： 您谈到的家长监护不足的四个方面，实际上就是在提醒我们家长要在自身行为、儿童教育和应急处置上，充分认识自己的责任，尽到自己的能力，家长完全可以自身通过增强认识、提高能力来控制危险发生。对于儿童，如何建立他们的安全意识呢？

答： 儿童安全意识的建立来源于两方面：第一是探索的经验，比如儿童在第一次触碰开水后感受到被烫的疼痛，以后便远离开水，但是因探索而建立的安全意识是有可能付出健康或生命的代价的，所以来源于家庭、学校和社会的安全教育而建立的安全意识，才是系统、安全和有效的。第二是儿童尤其是学龄前儿童家庭安全教育的缺失，也是造成儿童意外伤害事故的重要原因，因此家长要充分利用周边的安全教育资源，综合自身的安全经验，结合家庭现状对儿童开展安全教育，培养儿童安全意识。

问： 对于家长，一旦面临事故，应该怎样应急？

答： 当事故发生后，家长正确的应急处置措施是控制事故后果扩大、减少儿童人身伤害。很多儿童意外伤害事故产生的严重后果部分原因是家长的不当处置，比如儿童被动物咬伤后，家长没有及时为儿童接种狂犬病疫苗；儿童触电后，家长不懂如何让儿童脱离电源并实施急救措施等。这些都需要家长有意识地学习急救知识，掌握基本技能，以便关键时刻能尽量减轻事故伤害的程度。

问： 对于家庭而言，预防儿童意外伤害事故发生，您有什么建议？

答：我们对危险源进行分析后，可知儿童意外伤害事故的预防应从儿童、家长和环境三方面危险源入手，采取相应的管控措施防止事故的发生。这其中家长责任最大，家长是儿童和环境危险源之间最有效的安全屏障，肩负儿童和自身安全意识和安全环境建设、环境危险源安全性保障的重任。要避免儿童意外伤害事故，家长就要时刻保持警惕，肩负起监护责任，保护好成长中的孩子。

受访专家介绍：

张立阳，深圳市城市公共安全技术研究院中级工程师，注册安全工程师，安全评价师（二级）。2016年加入深圳市城市公共安全技术研究院风险评估团队，承担了2016年深圳市公共安全（事故灾难类）风险评估工作，主持完成2017年宝安区公共安全风险评估工作。参与编写了深圳市地方安全管理规范（标准）：《城市安全风险评估导则》《企业双重预防机制建设通则》。

专家访谈 2

家长为什么那么"不小心"？
——儿童心理学家孙小悦博士访谈录

在大量的儿童意外伤害中，我们发现了家长的失职和缺位。没有不爱自己孩子的家长，然而意外发生时，为什么总有那么多"不小心"的家长？而这个瞬间的"不小心"造成的可能是不可挽回的灾难。我们不禁要问，家长应怎样避免这诸多"不小心"？编者为此特地采访了儿童心理学家孙小悦博士，请她从家长心理的角度，做一些分析和指导。

问：儿童意外伤害是导致儿童死亡的最主要原因，也是公共卫生和健康领域关注的焦点。很多伤害的发生都源于家长的"不小心"，作为家长，对此应该有怎样的认识？

答：儿童意外伤害为何频频发生？这些事件的发生看似偶然，但研究表明儿童意外伤害是可以预防的。要想有效预防意外伤害的发生，家长必须认识和了解这些意外发生的原因和情境。

一般来讲，所谓家长的"不小心"，是源于家长或儿童的照顾者对于儿童意外伤害的认识的两大误区：第一，对不同阶段儿童能力的认知误区；第二，对环境中危险因素的认知误区。而儿童自身的原因和家长的监管都是与儿童意外发生息息相关的，因此改善家长的认知和降低环境中的风险因素对于预防儿童意外伤害同样重要。

问：孩子一出生，父母就自然而然地担任了家长这一身份，在养育孩子过程中，不能仅靠直觉和本能，还需要理性的认知和技能吧？

答：是的，不同时期的儿童安全，对家长有不同的要求。首先，家长要对不同发展阶段的儿童的能力和可能遭遇的风险有一个全面的认识。例如，初生到满一周岁的儿童对身体活动的控制能力和协调能力都比较差，家长不能通过言语警告来使其避免危险，因此，这一阶段的儿童照顾责任完全依赖于家长细致入微的照看。

1~3岁的儿童活动能力大大增强，开始学会了走、跑和爬，但是只能听懂一些简单的命令。很多家长以为孩子已经有了"独立"能力，常常留孩子独自玩耍，岂不知孩子很容易陷入危险境地。这一年龄段的儿童对危险的认识仍然很微弱，虽然家长经常会跟孩子说许多警告的话，例如"不能玩这个""不能碰这个"等，但是这个年龄段的孩子还不具备自我保护的能力，因此家长必须在场看护，在遇到危险时给予孩子正确的引导才能使其免于受伤。

儿童的运动、语言和社交能力在3~4岁的时候有了显著的提高，有了独立探索外部世界的兴趣，好奇心也大大增强。家长可以给予这一年龄段的儿童适当的规范和指导，培养孩子对危险的认识及应对的能力。5岁以后的儿童独立性和对抽象词汇的理解力显著提高，他们所面临的环境、运动方式和娱乐活动也越来越丰富，缺乏经验常常会导致其在运动中受伤。家长的监护与儿童本身的安全训练对于预防儿童意外伤害来说同样重要。随着儿童年龄的增长，家长以为孩子的能力提高了，因此监护也会逐渐放松，导致了许多大龄儿童更容易受到严重的意外伤害。

问：您指出家长的监护能力应该与孩子成长水平同步发展，那么对于复杂的外界环境，甚至就是家庭环境，都可能有很多不可抗力的发生，家长又该有怎样的心理认知和预防举措呢？

答： 研究发现，家庭是导致6岁以下儿童意外伤害的最主要环境。原本应为儿童提供保护和安全的家庭环境可能存在许多安全隐患，因此即使在家中的时候家长也不能疏忽对孩子的照看。家庭不是绝对的安全场所，家长也要有这个观念，因此对家中威胁孩子安全的隐患应该有清醒认识，并及时整改纠正。比如新安街道开展的家居安全日活动，其中的定期排查就能很好地降低家庭环境的危险，更大程度地保护孩子，我认为值得提倡。

至于外界环境，道路交通伤害、跌落伤、烧烫伤、溺水、中毒和动物咬伤等都与环境中的危险因素有关，不同年龄段儿童发生意外伤害的环境也有所差异。随着儿童年龄增长，他们活动的范围不再仅限于家庭中，马路上高速行驶的汽车、游乐场里的滑梯、池塘等都成为儿童安全的隐患，因此家长要提高对不同的环境隐患的意识，并给予儿童恰当的提醒与劝告，使其养成良好的安全意识和行为习惯。

问： 在我们讨论了家长应给予孩子恰当的监管和照顾之后，到底有没有一套家长监护准则或者统一的标准呢？

答： 据我所知，目前没有。我们在事故和反思中积累经验，社会舆论和家长自身都应该对儿童意外伤害有更警醒的认识。我们也看到为什么有一些孩子看似处在危险的环境中，即使没有得到家长良好的监管也没有遭遇意外伤亡，而有些孩子在安全的环境中，即使在家长的细心照看下也会受到伤害呢？很大程度上，儿童自身的注意力、性格、脾气、认知能力及其对危险的识别能力不同使得他们的风险承受能力也不尽相同。但可以确定的是，家长给予孩子的密切监护是减少儿童意外伤害的重要因素。家长是孩子最好的守护者。

父母应该清醒地认识到：家长的责任意识和照护能力，是孩子免受意外伤害的最大保障。

受访专家介绍：

孙小悦，香港大学社会工作博士，现为华东理工大学社会工作系讲师。研究方向为儿童安全、儿童保护与儿童福利、儿童心理健康、儿童与家庭社会工作、流动人口等。

专家访谈 3

保护孩子心灵健康,"家"是最重要堡垒
——精神卫生专家刘相辰访谈录

这是一个敏感而沉重的话题——未成年人自杀,随着近年来此类事故的增多,我们此次也将正视的目光投向这个话题,并且试图为防止这类令人伤心欲绝问题的发生,做点努力。为帮助家长了解此类事故的缘由,寻求防范措施,我们走访了南方医科大学深圳医院精神卫生科主任刘相辰,请他为我们讲解了相关知识。

问:我们注意到,日常生活中未成年人自杀事件不时发生,有的少年跳楼事件就发生在我们自己身边,令人痛心疾首。我们想知道,这些事件的起因是这些孩子患了心理疾病吗?

答:有调查表明,导致青少年自杀的主要原因有学业压力繁重、家庭关系紧张、情感问题处理不当、冲动、突发性事件以及经济条件不佳等。青少年正处于身心发展迅速的阶段,敏感而脆弱。不能简单地把青少年的自杀事件归结为心理疾病或是抑郁症所致。针对我国青少年做的大型流行病学调查研究表明,抑郁障碍的总体患病率为 1.6%,抑郁症的病因是多样的,有遗传、神经体液因素,当然也与心理社会因素有关。尽管儿童青少年抑郁症和成人抑郁症的临床症状基本相同,但由于发育因素,又有一些自己的特点。青春期前的儿童更容易表现为躯体主诉,比如头疼、头晕、睡眠障碍、食欲下降等,而在青少年中,反社会行为、物质滥用、不满、攻击、退缩、家庭学校问题、认为自己不被理解和赞许等症状更多。特别需要注意的是,近年来,尽管我们加强了抑郁症的宣传力度,但其他精神疾病也不容忽视。

除了抑郁症，儿童青少年期的重性精神分裂症和双向情感障碍同样会引发自杀行为。

此外，最新研究成果表明，自母体受孕后的 1000 天时间中，一系列生理及生产等诸多影响因素，对儿童青少年以及成人后的一生影响巨大，乃至有决定性的影响，例如：母孕期的生理、心理状态，生产方式的选择（剖腹产、自然分娩、辅助分娩），新生儿的健康状况（有无缺血、缺氧，有无黄疸），以及之后的养育情况。近年来，发达国家建议将母乳喂养的时间推迟至两岁，甚至鼓励自然离乳，认为母乳喂养的时间适当延长更有益于儿童的身心发展。最新的数据表明，儿童期癫痫、惊厥及大量使用抗生素与之后的精神障碍发生呈高度相关应予以重视。

问：当今社会未成年人罹患心理疾病的情况怎么样？请您介绍一下有关医学统计或者调查情况。

答：近半个世纪以来，随着精神病学理论和研究方法的发展，儿童精神障碍的流行病学研究获得了越来越多的真实可靠的资料。最新的调查显示，中国青少年的自杀率位居世界第一位，其原因有待进一步分析。尽管各种研究因其方法特征不同而结果差异较大，但是近年来自世界各地的区域调查显示，约 1/4 的儿童青少年在调查前一年存在至少一种精神障碍，约 1/3 在其整个成长过程中至少发生过一种精神障碍。焦虑障碍发生率最高，其次是行为障碍、情绪障碍，以及物质滥用问题。但仅仅不超过一半的患有精神障碍的儿童接受了专业的治疗。我国近期大型的儿童精神障碍的流行病学调查很少。2010 年辽宁省 9372 名 6～17 岁在校儿童青少年精神病学的流行病调查显示，精神障碍的患病率为 4.05%，11～15 岁年龄段最高（5.37%）。各种精神障碍中，焦虑最高（2.23%），其次是抑郁障碍（0.93%）、ADHD（0.48%）和品行障碍（0.29%）。也就是说，初中高中阶段，一个 60 人的班级里，可能就有 3 个孩子存在心理问题。

　　自杀行为的性别特征比较明显，国外尤其指欧洲文化体系国家，自杀者是男性高于女性。而中国，无论是自杀意念、自杀未遂和自杀成功均为女性高于男性，农村高于城市。自杀意念多发生于儿童青少年时期，自杀未遂以青少年及青年为主，绝大多数成功的自杀者大于 15 岁。美国是最早开展青少年健康危险行为监测的国家，每 2 年监测 1 次，自 1991 年至今已建立了完善的监测网络。通过监测发现，9～12 年级（相当于我国初三到高三）的中学生，在调查前 12 个月内，19% 曾认真考虑过自杀，2.6% 曾因自杀而受伤或因过量服药接受过治疗。日本青少年的各种精神问题、抑郁、自杀倾向发生率高于美国，可能与学习负担重、升学就业压力有关。我国 2014 年青少年健康相关危险行为调查显示，有 11.42% 的学生在过去 1 年里有过自杀意念；6.41% 的学生报告在过去 1 年里不仅想过自杀，还有过自杀计划；2.51% 的学生在过去 1 年曾采取措施自杀（未遂）。在后续的一些流行病学研究中，中学生自杀意念基本在 10% 左右，也就是说，10 个中学生中就有 1 个有自杀的念头。

问： 未成年人产生抑郁或者焦虑情绪的主要原因是什么？

答： 这个问题有一定的不良诱导。回答这个问题之前我们一定要知道，人作为一个生物体，有些疾病，包括抑郁症，具有一定的生物学基础。通俗地说，有一部分人或是家族倾向，或是自身特点，先天就比另外一些人更容易患抑郁症，更容易出现情绪的不稳定。但目前的观点认为遗传的因素并不会直接导致儿童青少年重性抑郁症的发作，通常存在一些生活事件，比如父母关系不和、遭受虐待、性与情感暴力；又比如过于繁重的课业压力、长期的在校关系不良等。总之，儿童青少年抑郁症的发生和持续的多种因素有关，任何一种因素都不能完全解释抑郁症的原因。这些因素不是简单的叠加，而是存在交互作用。就是说，具有高危遗传因素的个体暴露于社会环境中，会导致其他危险因素的增加，从而更易引起抑郁的发生。

问：未成年人心理疾病的主要表现是什么？初期有什么苗头？我们如何做到早发现、早治疗？

答：心理疾病及精神疾病的概念太宽泛。这里我们只谈一下儿童青少年的抑郁症。主要有以下三个方面的症状群：

一、情感障碍：主要表现为情绪低落、没有愉快感、悲伤、自尊低、喜欢发脾气、对玩耍不感兴趣、自责、自暴自弃、自残和产生自杀意念及自杀行为。

二、行为障碍：可以表现为很多外化性行为问题，比如多动、注意力不集中、成绩下降；不听话、不守纪律、冲动、反抗、捣乱、逃学、打架、与同伴关系不良和其他违纪行为。

三、躯体症状：通常年龄越小躯体症状越多，常见的有睡眠障碍、头痛、头昏、胃痛、疲乏、胸闷、气促等。

未成年人相较成年人主观掩饰疾病的情况较少，症状还是比较容易暴露的。疾病的发现要做到两方面的比较，和自身以前的状况相比，情绪、反应、学习生活状态等是否有什么不同；和同龄的其他孩子比，是否有较明显的差异。发现问题尽早就医。另外，因为未成年人处于生长发育阶段，通常对睡眠的需求较高，如果出现较明显的睡眠问题，一定要引起重视，及早就医。

问：自杀是抑郁症发展最坏的结果，如果家有患病未成年人，我们应该注意哪些倾向，做好哪些控制？

答： 目前药物治疗是抑郁症最主要的治疗方法。如果家中有患者，建议家属一定要认真地了解疾病相关知识，去专业的医疗卫生机构就诊，认真遵医嘱服药，定期复查。如果发现病情有进展或是患者存在冲动行为，一定要及时就医。有时家属的观念就是患者的生机。对于心理治疗的选择要谨慎，保证药物治疗的前提下，与主治医师沟通后再进行。在不能充分评估疾病状态的情况下，宁可不做心理治疗，避免加重病情及延误治疗。

问： 作为家长，面对未成年人罹患心理疾病不断增多的社会现实，在未成年人不同成长阶段应该各做哪些保护孩子心理健康的措施？

答： 一方面，未成年人心理疾病的不断增多，除去疾病在人群中的自然发病率，很大程度上取决于家庭及社会环境。家庭是每个孩子心中最重要的堡垒。关心孩子的健康、致力于为孩子创造更好未来的家长们，首先要为孩子建造好"家"这个堡垒，即便家外的环境不尽如人意，只要"家"好，绝大部分的孩子还是可以应对的。其次，多陪伴、建立良好的沟通渠道，提升自己的文化素养，创造好的家庭氛围是家长给孩子最好的心理保护。最后，还要避免父母教育观念的不一致以及成人语言暴力对儿童青少年所造成的伤害。

另一方面，有研究表明，未成年人心理疾病的增多与信息发达及信息传递速度的增快也有一定的关系，社会文化的导向对青少年的心理健康有很大的暗示、引导作用。譬如，社会对自杀行为所持的态度、媒体对自杀行为的过分报道、人际关系的冲突都会导致更多自杀行为的发生。因此，净化外部环境，包括学校、社会以及网络环境同样至关重要。

世界上的每一个孩子都是非常宝贵的。几乎被全世界各国政府签署的《儿童权利公约》中提出：每一个儿童均享有在一个安全的环境中成长、不受伤害和免遭暴力的权利。维护未成年人的权利,是每一个成年人应尽的义务。

受访专家介绍:

  刘相辰,南方医科大学深圳医院精神卫生科以及健康管理中心学科带头人,主任医师,硕士生导师,二级教授,享受国务院津贴专家。30年来诊治了大量的心理疾病、亚健康状态、身心疾病及精神疾病患者达2万余人次,积极推动医学模式由单纯"生物型"向"生物——心理——社会——环境型"转变。发表论文30余篇,撰写专著5部(其中主编2部、副主编3部),科普著作2部。

1 居家安全自查

活动倡议

"居家安全检查日"活动倡议书

  家庭应当是我们每个人最安全的休息场所。但是,每年因家中电气故障、用火不慎等原因导致的安全事故屡屡发生,严重威胁居民的生命财产安全。每个家庭都潜伏着各类安全隐患,都有发生伤害事故的可能,"居安思危"才能预防灾害。因此,我们建议,人人都要学习安全知识,增强防范意识,养成安全习惯,及时排除隐患,保障居家安全。

  为了深化安全社区创建工作,实现"人人都享受安全、人人都享受健康"的目标,我们倡议每家每户开展"居家安全检查日"活动。

活动时间: 每月1日19时(遇节日顺延1天)

活动内容:

  1. 每月召开一次安全"茶话会",全家共话安全、探讨安全、学习安全,扫码关注安全公众号,用身边案例和别人的教训提醒家人每天"在家平安、出行平安、作业平安"。

  2. 每月开展一次居家安全隐患"大扫除",对照"居家安全隐患检查表",结合季节气候和家中小孩、老人情况,重点围绕可能导致触电、火灾、滑倒、坠落、一氧化碳中毒等风险最大的隐患,把住所里里外外检查一遍,给家人营造一个安全、放心的居家环境。

  "您的安全您做主!"为了您和家人的平安健康,请行动起来,积极参与"居家安全检查日"行动!

安全隐患表

居家安全隐患检查表

类别	隐患内容	危害等级
建筑装修安全	擅自变动房屋承重结构、主体结构；擅自超过设计标准增加楼面荷载，使用易燃材料装修；靠外墙的门窗松动、不牢固；高空抛物、堵塞楼梯消防疏散通道及地面消防车通道	5★
	装修设计或施工，委托无资质单位或个人实施	4★
	将没有防水要求的房间或阳台改为卫生间、厨房；将卫生间改在下层住户的卧室、起居间（厅）、书房和厨房的上方；拆除连接阳台的砖、混凝土墙体；间隔小于6平方米房间用于出租	5★
	阳台防护栏高度低于1.1米（高层低于1.4米）；阳台防盗网未开设逃生口，家有幼童未增强隐形防护网牢固度；台风、大雨期间在阳台栏杆上摆放刀具、花盆等易坠落物品	5★
	卫生间、厨房地板不防滑或有积水	4★
用电安全	未按规定定期委托专业公司检测用电安全	5★
	未接地或接地不规范、失效（可委托物业进行专业检测）	5★
	未安装漏电保护装置或装置失灵（应每月启动一次测试）	5★
	拆卸电动自行车电池在室内充电	5★
	使用大功率电器导致电线超负荷；使用"热得快"，不合格的充电器、三孔排插；电线裸露、乱拉乱接；空调、冰箱、电风扇等电器超年限或带故障使用；正在使用的钨丝灯泡、烤火器等靠近布料、塑料等易燃物	4★
	出门未关电，未断正在充电的手机充电宝；突然停电时未断开或关闭开启的吹风筒等用电器外出；长期外出未关总电闸	4★
用气用火安全	擅自拆改燃气管道和设施	5★
	连接天然气管道（或煤气瓶）和炉头的软管老化，阀门处漏气（可委托物业检测）	5★
	燃气软管太靠近炉头火苗，长期受热	5★
	明火煮食，人员离开厨房不关火	5★
	安装直排式热水器	5★
	寒冷天气在封闭空间使用炭火取暖、烧烤食物	5★
	燃气软管长于2米；高压锅超过使用年限仍在使用；使用灶火时空气不流通；点燃的蚊香、蜡烛等靠近布料、塑料等易燃物	4★
	在阳台存放易燃易爆危险化学品；摆放神龛、焚烧香烛、纸钱等物品	5★
	家中未配置灭火器、灭火毯、防烟面具等简易灭火器材，家庭成员不懂报119火警、处置初期火情、逃生常识	4★
外出交通作业安全	让幼儿独自在家或外出；携带幼儿外出时，让幼儿离开视线或挣脱牵手进入机动车道及自动扶梯；大人单臂环抱孩童搭乘商场、地铁自动扶梯；儿童无成年人陪伴，私自游泳或到野外玩水	5★
	骑行电动自行车未戴头盔；骑行自行车或电动自行车进入机动车道，闯红灯；驾驶机动车未遵守交通规则	5★
	每次高处、动电、动火、操作机器、有限空间等零星作业未严格遵守安全操作规程，未做好防坠落、防触电、防灼伤、防砸伤、防割伤、防气体中毒等措施	5★
检查日期	1月　2月　3月　4月　5月　6月　7月　8月　9月　10月　11月　12月	